Symfony e Php

Primi passi con esempi pratici

GMMG
Gianluca Moro
Massimo Gola

Gianluca Moro: giangiammy@gmail.com
Sito: www.giammy.com

Massimo Gola: massimo.gola@gmail.com
Sito: maxgola.altervista.org

Edizione I - R20181121

4

Indice

Gli autori

Gianluca Moro ha maturato una lunga esperienza come sviluppatore di software, analista ed integratore di sistemi in ambito biomedicale e di automazione industriale. Ora lavora presso l'Università degli Studi di Padova, Centro Ricerche Fusione, dove si occupa sia di problematiche sistemistiche che di sviluppo di applicazioni web. In quest'ambito utilizza il framework Symfony, argomento del presente libro. Per altre informazioni, si può consultare: `www.giammy.com`.

Massimo Gola Sistemista, programmatore, IT administrator ha una lunga esperienza in sistemi informatici della pubblica amministrazione, lavora presso l'Università degli Studi di Padova, polo multifunzionale "A. Vallisneri". Per altre informazioni, si può consultare: `maxgola.altervista.org`.

Capitolo 1

Introduzione

Questo manuale ha lo scopo di presentare il framework Symfony tramite la realizzazione di un esempio di applicativo web che mostrerà alcune delle funzionalità disponibili in questo ambiente di lavoro. Per una documentazione completa si rimanda al sito ufficiale [1].

Il manuale dà anche indicazioni pratiche sulla installazione e configurazione dell'ambiente di sviluppo e dell'ambiente di produzione, con alcuni esempi di servizi di hosting gratuiti in modo che ciascuno possa concretamente realizzare un'applicazione web con questi strumenti. È comunque richiesta una conoscenza base di Php e della programmazione in ambito web.

La prima parte è una sintetica introduzione ai paradigmi di programmazione MVC (Model, View, Controller - Modello, Vista, Controllore) e allo sviluppo di applicazioni web, vedendo come il framework Symfony ci aiuta a mettere assieme questi elementi. Sono inclusi cenni relativi all'HTML e all'accessibilità delle pagine web, che oltre ad essere una pratica di buona progettazione, è prevista dalla normativa vigente.

Abbiamo poi una parte che mostra un piccolo esempio, dall'installazione di Symfony al suo uso per realizzare un sito con 3 diverse pagine: questo, pur essendo solo un applicativo didattico, ci consentirà di familiarizzare con alcuni dei concetti base di Symfony.

 In breve:

Il libro presenta:

- **Paradigma MVC e Symfony**

- **Un piccolo esempio con 3 pagine web**

- **Un'applicazione completa: Questime**

- **Alcuni approfondimenti specifici**

Infine nell'ultima parte vedremo di sviluppare passo passo un'applicazione di esempio che, oltre a quanto già visto, faccia uso di un database. Con questo approccio si danno al lettore le competenze e la possibilità di definire e realizzare un proprio progetto, per poi approfondire nella documentazione ufficiale le molte funzionalità di Symfony.

Capitolo 2

Il web

Oggigiorno siamo abituati a navigare in internet e ad utilizzare molti servizi diversi: posta elettronica, portali di informazione, streaming audio-video, internet banking. L'utente sta usando delle applicazioni Web anche se a volte non se ne accorge dato che non è facile distinguere tra pagine generate da un server in maniera "statica" e pagine generate in maniera "dinamica" da una Web application. Quando navighiamo nel web abbiamo 2 diverse entità:

- cliente (il browser)

- server (il sito a cui ci colleghiamo)

l'utente opera sul lato cliente e tramite un browser invia le richieste al server come URL:

`http://nome.sito.it/percorso/richiesto.html`

Figura 2.1: Flusso di una richiesta web

il server riceve la richiesta, da cui estrae il percorso, ovvero percorso/richiesto.html, cerca un file che si chiama
percorso/richiesto.html e lo invia al browser cliente che lo
visualizza per l'utente (vedi figura 2.1).

Quando parliamo di server web di solito ci riferiamo a pro-
dotti come Apache [3] o Nginx [5], ma ce ne sono molti altri; le
configurazioni qui mostrate fanno riferimento ad Apache, per
altri server web i concetti di base sono analoghi, ma cambia la
sintassi e i comandi da dare.

Quanto descritto è una cosiddetta **pagina web statica**,
nel senso che tale pagina è fisicamente presente sul server che
si limita ad inoltrarla al cliente.

Questa modalità è poco flessibile, per cui ben presto nel
web si è iniziato a far uso di **pagine web dinamiche**, ovvero

pagine che il cliente richiede, ma che non sono presenti nel server e vengono create di volta in volta. Ad esempio, se voglio un servizio che mi dia delle schede personali accedendo a delle pagine del tipo:

`http://agenda.it/cognome/nome/scheda.html`

La differenza sta nell'origine di queste pagine; nel primo caso le pagine sono file statici `.html` che vengono semplicemente prelevati dal server e visualizzati nel browser. Invece nel caso di Web application le pagine vengono costruite dinamicamente al momento della chiamata da un programma che gira sul server e che può essere scritto in qualsiasi linguaggio.

2.1 Sito web statico

Un sito web statico è caratterizzato dall'utilizzo di un linguaggio di markup (HTML) che consente di creare pagine web molto efficienti in termini di tempi di presentazione in quanto tutte le informazioni sono contenute all'interno della pagina stessa, senza necessità di interazioni con basi di dati. Proprio per questo motivo però sono molto poco flessibili rendendo necessario l'intervento di un tecnico anche solo per piccole modifiche. Non sono possibili inoltre interazioni significative tra l'utente finale e le pagine web in questione; l'utente può semplicemente consultare le informazioni presentate, nella modalità in cui sono presentate e l'unica azione significativa che può compiere è di passare da una pagina del sito ad un'altra.

In breve:

Un sito Web statico comprende una serie di pagine e file HTML collegati che si trovano su un computer su cui è in esecuzione un server Web.

Un server Web è un software che fornisce pagine Web in risposta a richieste da parte di browser Web. Una richiesta di pagina viene generata quando un visitatore fa click su un collegamento in una pagina Web, seleziona un segnalibro in un browser o inserisce un URL nella casella di testo dell'indirizzo di un browser.

Il contenuto finale di una pagina Web statica viene determinato dal designer e non cambia quando la pagina viene richiesta; ad esempio:

```
<html>
  <head>
    <title>Home page</title>
  </head>
  <body>
    <h1>Sito aziendale</h1>
    <p>
      La nostra azienda &egrave; al servizio dei clienti.
    </p>
```

```
  </body>
</html>
```

Ogni riga del file HTML viene scritta dal designer prima che la pagina venga collocata sul server. Poiché il file non cambia dopo essere stato collocato sul server, questo tipo di pagina viene definito "pagina statica". Quando riceve una richiesta di una pagina statica, il server Web la legge, individua la pagina e la invia al browser.

2.2 Web application

Un'applicazione Web è un sito Web che contiene pagine dal contenuto parzialmente o interamente costruito su richiesta; il contenuto finale viene determinato solo quando il visitatore accede alla pagina. Poiché il contenuto finale della pagina varia da richiesta a richiesta in base alle azioni eseguite dal visitatore, si parla di pagina web dinamica.

I vantaggi nell'usare una web application sono molteplici: possibilità di interrogare database, di verificare credenziali, di suddividere l'output ad esempio in base al numero di righe di un elenco ma anche risolvere problemi molto più complessi. La web application è composta in genere da una serie di algoritmi che vengono eseguiti sul server e che generano l'output desiderato.

Normalmente una web application si sviluppa su tre livelli logico-funzionali (applicazioni Three-Tier) ma che possono essere distribuiti anche su più livelli (applicazioni Multi-Tier):

Livello di presentazione: è l'interfaccia utente dell'applicazione e si occupa di acquisire dati e visualizzare risultati;

Livello intermedio: si occupa delle elaborazioni dei dati in base alla cosiddetta business logic, cioè all'insieme delle regole per cui i dati sono considerati significativi e le loro relazioni consistenti; le elaborazioni del livello intermedio generano i risultati richiesti dall'utente;

Livello dati: rappresenta l'insieme dei servizi offerti da applicazioni indipendenti dal Web, come ad esempio un gestore di database, un sistema di gestione di posta elettronica, ecc.

L'esecuzione di questi programmi necessita della presenza sul server di un "ambiente", per il supporto dei linguaggi che si vogliono utilizzare per la stesura dell'applicazione lato server, Php, Java, Dot.net per citarne alcuni. Questo ambiente viene anche chiamato Application Server. Questo, a differenza del Web server, non si limita a rispondere alla richiesta dell'utente con la pagina HTML ma è capace di eseguire degli algoritmi interpretando i programmi.

Ad esempio potremmo costruire un sito che visualizza i dati degli utenti, che naturalmente saranno diversi per ogni persona. Se utilizzassimo un sito statico saremmo costretti a scrivere una pagina per ogni utente ed in caso di modifica dei dati saremmo costretti a modificare ogni singola pagina coinvolta. Con le pagine dinamiche, invece, tutto ciò potrà avvenire in automatico, quindi scriviamo la pagina Web una sola volta. Naturalmente il semplice HTML non sarà più sufficiente, ma sarà affiancato da linguaggi più potenti. Il tipo di linguaggio da adoperare dipenderà dal tipo di Application server utilizzato.

La caratteristica fondamentale di un sito web dinamico è l'interazione della pagina con una base di dati che contiene le informazioni da presentare. Non è sufficiente l'utilizzo di un linguaggio di markup (HTML) per raggiungere questo obiettivo, sarà necessario utilizzare un linguaggio che permetta l'interazione con una base di dati, ASP.NET, PHP, JSP, o un CMS (Joomla, Drupal, WordPress). In questo caso quindi le informazioni non sono contenute direttamente all'interno della pagina web ma vengono richiamate dalla base di dati in tempo reale in seguito ad una richiesta dell'utente. Questo comporta una minore performance per quanto riguarda i tempi di risposta in quanto avviene un'interazione tra la pagina web e la base di dati prima che le informazioni siano disponibili; nello stesso tempo però ci saranno dei vantaggi considerevoli in termini di flessibilità negli aggiornamenti e nella manutenzione del sito e ci sarà la possibilità per l'utente finale di interagire con la pagina web.

 In breve:

Per pagina web dinamica si intende una pagina che non esiste fisicamente nel server, ma viene generata su richiesta del cliente.

2.3   Accedere ad un database

Un server applicazioni consente di utilizzare risorse server-side come i database. Ad esempio, una pagina dinamica può indicare al server applicazioni di estrarre dei dati da un database e inserirli nel codice HTML della pagina. L'uso di un database per archiviare il contenuto consente di separare la struttura del sito Web dal contenuto che si desidera visualizzare per gli utenti del sito.

L'istruzione per l'estrazione di dati da un database è definita **query di database**. Una query è composta da criteri di ricerca espressi in un linguaggio di database chiamato SQL (Structured Query Language). La query SQL viene scritta negli script o nei tag server-side della pagina.

Un server applicazioni per comunicare con il database ha bisogno dell'intermediazione di un "driver di database", ovvero un software che funge da interprete tra il server applicazioni ed il database. Dopo che il driver stabilisce la comunicazione, la query viene eseguita nel database e viene creato un recordset, ovvero un insieme di dati estratti da una o più tabelle di un database. Il recordset viene restituito al server applicazioni, che utilizza i dati per completare la pagina. Di seguito è riportata una semplice query di database scritta in linguaggio SQL:

```
SELECT cognome, nome, voto FROM studenti
```

Questa istruzione crea un recordset a tre colonne e lo riempie con righe contenenti il cognome, il nome ed il voto di tutti gli studenti contenuti nel database.

Per un servizio che mi dia accesso a delle schede personali tramite pagine del tipo:

`http://agenda.it/cognome/nome/scheda.html`
non c'è sul server un file per ogni persona, ma la richiesta viene presa in carico, si cerca tramite una query sul database la persona che corrisponde a "**cognome nome**" e si costruisce una pagina da inviare al cliente.

Il server deve essere quindi in grado di capire le richieste, elaborarle e produrre un output: uno dei linguaggi più usati per fare questo è Php [2], nome che deriva dall'acronimo Personal Home Page, dato che è nato come uno strumento per creare una pagina web personale un po' più flessibile di una pagina statica, e poi è diventato uno dei linguaggi più usati nel mondo web!

Il Php viene definito un linguaggio **server side** in quanto viene eseguito sul server, produce una pagina HTML e la consegna al cliente: quest'ultimo ha solo il compito di visualizzare quanto riceve.

Un esempio di una pagina HTML con del codice Php è il seguente:

```
<!DOCTYPE html>
<html>
  <body>
    <ul>
      <?php
        for ($x = 0; $x < 4; $x++) {
          echo "<li>Numero $x </li>";
        }
      ?>
    </ul>
  </body>
</html>
```

quando il server riceve una richiesta per questa pagina, riconosce i tag <?php e ?> e prima di restituire la pagina al cliente, esegue le istruzioni che trova al loro interno, in questo caso, la pagina risultante è:

```
<!DOCTYPE html>
<html>
  <body>
    <ul>
      <li>Numero 0 </li>
      <li>Numero 1 </li>
      <li>Numero 2 </li>
      <li>Numero 3 </li>
    </ul>
  </body>
</html>
```

Php è un linguaggio molto flessibile, con tutti i costrutti per eseguire cicli, fare scelte condizionate, definire funzioni, gestire parametri vari. Data la sua diffusione e considerato il fatto che lo sviluppatore si trova di solito a gestire molte situazioni simili in applicazioni diverse, come può essere un modulo di inserimento dati, l'autenticazione dell'utente, il salvataggio dei dati su un database, sono disponibili moltissime librerie per risolvere i compiti più svariati. Symfony è un framework, ovvero una serie di librerie associate ad alcune convenzioni di programmazione, basato su Php, che consente allo sviluppatore di creare le proprie applicazioni più velocemente, in maniera ordinata e modulare.

In breve:

Symfony è un framework: un insieme di librerie e convenzioni che forniscono un ambiente di lavoro allo sviluppatore.

2.4 Scrivere (X)HTML

Nello sviluppo di una applicazione web una parte non trascurabile è rappresentata dall'interfaccia utente, ovvero la struttura delle pagine HTML/CSS che vengono mostrate all'utente. Pur non essendo questo un libro che voglia affrontare il tema del web design e delle problematiche dell'interfaccia utente, si vogliono segnalare alcuni elementi che l'utente potrà approfondire, o in alcuni casi dovrà approfondire dato che vi sono delle norme di legge relative all'accessibilità dei siti.

Per creare contenuti accessibili è necessario utilizzare "tecnologie definite da grammatiche formali pubblicate, nelle versioni più recenti disponibili quando sono supportate dai programmi utente" (gruppi di lavoro I "Metodologia" e gruppi di lavoro II "Regole tecniche" della Segreteria tecnico-scientifica della Commissione Interministeriale permanente per l'impiego delle ICT a favore delle categorie deboli o svantaggiate) come recita il requisito n.1 della "Verifica Tecnica" (D.M. 8/7/2005, Allegato A) della Legge 4/2004, "Disposizioni per favorire l'accesso dei soggetti disabili agli strumenti informatici".

Per questo ci si riferisce al linguaggio XHTML piuttosto che al linguaggio HTML5, la cui l'ultima raccomandazione W3C (Dicembre 2017) è la versione 5.2, ma la cui evoluzione è continua e dettata dalle esigenze che emergono nel tempo.

L'XHTML è la riformulazione di HTML come applicazione XML. Ciò significa che un documento XHTML deve essere valido e ben formato, permettendo benefici in termini di estensibilità e rigore sintattico mantenendo la compatibilità con i software che supportano HTML 4.0.

È quindi necessario usare tag appartenenti al linguaggio XHTML con gli attributi corretti e in maniera sintatticamente corretta. Tutti i tag devono essere minuscoli, racchiusi tra i caratteri <> e devono essere sempre chiusi con l'apposito tag </nome tag>. Gli unici tag singoli che non hanno un tag di chiusura sono <br />, <hr />, <img /> ed <input ... />.

XHTML eredita dall'HTML alcune regole che proibiscono l'annidamento di determinati elementi. Di seguito l'elenco:

- l'elemento <a> non può contenere altri elementi <a>;

- l'elemento <pre> non può contenere gli elementi <img>, <object>, <big>, <small>, <sub>, <sup>;

- l'elemento <button> non può contenere i seguenti elementi: <input>, <select>, <form>, <label>, <button>, <textarea>, <fieldset>, <iframe>, <isindex>;

- l'elemento <label> non può contenere un altro elemento <label>;

- l'elemento <form> non può contenere l'elemento <form>;

È obbligatorio inserire sempre gli attributi **description**, **title** ed eventualmente la **long description** nei tag che lo prevedono; attributi fondamentali per gli screen-reader utilizzati dalle persone non vedenti. Gli editor WYSIWYG per questi tipi di oggetti mettono a disposizione delle form d'inserimento specifiche, che permettono di inserire gli attributi accettati come mostrato nelle figure 2.2 e 2.3.

La lista di seguito elenca tutti gli elementi blocco e degli elementi in line definiti nelle tre DTD XHTML 1.0. Di ciascuno è fornita una breve descrizione e sono specificate, per i più importanti, le regole del corretto annidamento (quali elementi possono contenere e quali no).

	Elementi blocco	
Elemento	Descrizione	Note
<address>	Definisce un blocco di testo destinato a indirizzi, firme, indicazioni sull'autore. Non può contenere altri elementi blocco	
<article>	Definisce un blocco di testo con contenuto autonomo. Ha senso se è possibile distribuire il contenuto indipendentemente dal resto del sito	HTML5
<aside>	Definisce alcuni contenuti a parte rispetto al resto	HTML5

\<audio\>	Definisce suoni, musiche o altri audio streams	HTML5
\<blockquote\>	Usato per riportare citazioni da altri documenti. Il testo inserito viene indentato. Può contenere tutti gli elementi blocco	
\<canvas\>	Definisce un blocco canvas	HTML5
\<dd\>	Descrizione di un termine in una lista di definizione	
\<dt\>	Definizione di un termine in una lista di definizione	
\<div\>	Definisce un blocco di contenuto generico o una sezione del documento. Può contenere tutti gli elementi blocco	
\<dl\>	Crea una lista di definizione. Può contenere solo gli elementi\<dt\> e \<dd\>	
\<fieldset\>	Usato per raggruppare campi di un form	
\<figcaption \>	Definisce il titolo di una figura	HTML5
\<figure\>	Definisce un blocco che contiene illustrazioni, foto, diagrammi ecc	HTML5
\<footer\>	Definisce una sezione piè di pagina	HTML5
\<form\>	Definisce un form. Può contenere i classici elementi dei form ma anche elementi blocco	
\<frameset\>	Definisce un frameset. Sconsigliato l'uso di frame	

\<h1\>..\<h6\>	Definiscono titoli e sottotitoli. Non possono contenere altri elementi blocco	
\<header\>	Definisce una sezione d'intestazione di pagina	HTML5
\<hgroup\>	Raggruppa informazioni d'intestazione	HTML5
\<hr\>	Inserisce una linea divisoria orizzontale. E' un elemento vuoto	
\<li\>	Elemento di una lista ordinata o non ordinata	
\<noframes\>	Inserisce contenuto alternativo per i browser che non supportano i frames	Sconsigliato l'uso di frame
\<noscript\>	Inserisce contenuto alternativo per i browser che non supportano gli script	
\<ol\>	Lista ordinata. Può contenere solo l'elemento \<li\>	
\<output\>	Form di output	HTML5
\<p\>	Definisce un paragrafo. Non può contenere altri elementi blocco, ma solo testo o elementi inline	
\<pre\>	Definisce testo preformattato che mantiene le impostazioni dello spazio bianco	
\<section\>	Definisce una sezione in una pagina	HTML5
\<table\>	Definisce una tabella per l'inserimento di dati tabulari	

<tbody>	Definisce il corpo di una tabella. Con <thead> e <tfoot> serve a raggruppare le righe di una tabella
<td>	Cella di tabella
<tfoot>	Definisce il "piede" di una tabella
<th>	Intestazione di cella
<thead>	Definisce la testata di una tabella
<tr>	Riga di tabella
<ul>	Lista non ordinata. Può contenere solo elementi <li>
<video>	Video player HTML5

Elementi di tipo blocco o inline

Elemento	Descrizione
<button>	Inserisce un pulsante
<del>	Testo cancellato
<iframe>	Inserisce un iframe
<ins>	Specifica che il testo è stato inserito
<map>	Mappa immagine cliccabile
<object>	Inserisce un oggetto
<script>	Definisce script di programmazione

Elementi inline

Elemento	Descrizione
<a>	Definisce un'ancora o un collegamento (con l'attributo href)

\<abbr\>	Usato per le abbreviazioni
\<acronym\>	Specifica che il testo è un acronimo
\<b\>	Formatta il testo in grassetto
\<bdo\>	Definisce la direzione del testo da mostrare
\<big\>	Ingrandisce il testo
\<br\>	Inserisce un'interruzione di riga
\<cite\>	Usato per testi citati
\<code\>	Formatta il testo come codice di computer
\<dfn\>	Usato per i termini di definizioni
\<em\>	Stile di testo simile al corsivo
\<i\>	Testo in corsivo
\<img\>	Inserisce un'immagine
\<input\>	Inserisce elementi di un form. L'attributo type ne definisce la tipologia
\<label\>	Definisce l'etichetta per l'elemento di un form
\<q\>	Specifica una breve citazione all'interno di un paragrafo
\<samp\>	Simile a `code`
\<select\>	Inserisce un menu a tendina in un form
\<small\>	Rimpicciolisce una porzione di testo
\<span\>	Definisce una sezione di testo inline cui applicare stili
\<strong\>	Definisce un testo rafforzato, simile al grassetto

<sub>	Test sottoscritto
<sup>	Testo soprascritto
<textarea>	Inserisce un'area di testo modificabile
<tt>	Testo con carattere monospazio
<var>	Definisce una variabile

2.5   I CSS

I Cascading Style Sheets (CSS, in italiano fogli di stile) sono un linguaggio per specificare come i documenti sono presentati all'utente. Una pagina web è un insieme d'informazioni strutturate utilizzando un linguaggio a marcatori, come l'XHTML, con un layout grafico definito dai CSS, quello che l'utente visualizza. L'introduzione dei fogli di stile ha permesso la separazione dei contenuti dalla formattazione. Questa separazione ha portato principalmente tre benefici:

- la riduzione delle dimensioni delle pagine;

- il miglioramento dell'accessibilità del contenuto con fogli di stile specifici per i diversi media;

- maggiore flessibilità e controllo nella presentazione dei contenuti.

Inoltre i fogli di stile possono essere combinati tra loro configurando diversi valori delle proprietà e creando così l'effetto "cascade", assegnando valori diversi in contesti diversi.

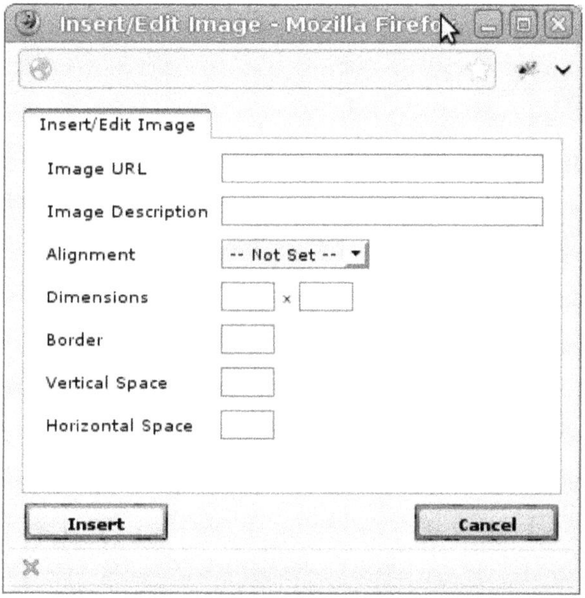

Figura 2.2: Esempio di schermata

Figura 2.3: Altro esempio di schermata

Anche se le specifiche CSS versione 3 non sono ancora state rilasciate completamente, e come detto nel precedente capitolo si dibatte su quale sia l'interpretazione più corretta del requisito tecnico n. 1, ci si riferisce a questa specifica oramai molto diffusa e, di fatto, uno standard. Questo perché le specifiche CSS3 sono suddivise per moduli, che vengono sviluppati e testati in maniera autonoma, portando così ad una situazione in cui alcuni moduli si trovano già nello stato di raccomandazioni del W3C. Nella pagina ufficiale CSS current work & how to participate (Bert Bos 2013) è possibile verificare lo stato delle specifiche CSS.

Anche in questo caso l'obiettivo non è una trattazione completa del linguaggio CSS, quindi si rimanda ai materiali che si trovano in rete per gli approfondimenti del caso. Un esempio di linguaggio CSS è il seguente:

```
body {
  margin: 0;
  padding: 0;
  font: 12px/170% Verdana, sans-serif;
  background: 0px 215px url(images/body.png) no-repeat;
}
```

Chiaramente cambiando il file body.png si cambia lo sfondo della pagina html. Anche in questo caso si rimanda il lettore agli approfondimenti opportuni e necessari per il raggiungimento dei propri obiettivi.

2.6   3Wcag2.0 AA-Conformance

I nuovi requisiti, predisposti da un apposito gruppo di lavoro
composto di rappresentanti della PA e da associazioni di cate-
goria di disabili e sviluppatori, rispondono a quanto introdotto
in materia di accessibilità a livello internazionale. In particolare i requisiti sono stati ridotti, passando da 22 a 12, e tale
semplificazione trae spunto dalle linee guida WCAG 2.0 redat-
te dal World Wide Web Consortium (W3C) nell'ambito del
Web Accesibility Initiative (WAI). Le principali novità intro-
dotte riguardano i criteri e i metodi per la verifica tecnica che
diventano meno stringenti sotto l'aspetto della conformità del
codice per la produzione di pagine web e adeguati alle nuove
tecnologie per l'aggiornamento e la realizzazione dei siti delle
PA.

La struttura delle linee guida è organizzata in modo tale
da coprire tutte le diverse componenti e tutti gli attori che
partecipano alla creazione, condivisione e accesso ai contenuti. La figura 2.4 rappresenta (Shawn 2009 [13]) le linee guida
per le diverse componenti: browser, strumenti di sviluppo e
contenuti.

Utili alla verifica della rispondenza agli standard delle pagine web sono gli strumenti di verifica ed i validatori automatici.
Ne esistono numerosi a pagamento, una suite messa a disposizione dallo stesso W3C, ma anche alcuni strumenti messi a
disposizione in maniera gratuita. Il W3C fornisce un elenco
di tools. (Abou-Zahra and EOWG, Education and Outreach
Working Group 2006). Indispensabili sono i validatori XHTML
e CSS messi a disposizione dal W3C. Utilissimi per sviluppatori

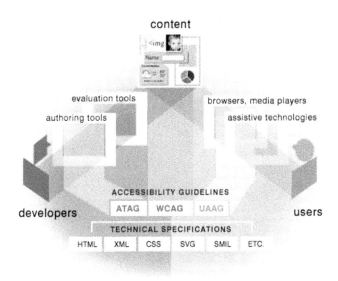

Figura 2.4: Linee guida Wcag

sono i tools che possono integrare i browser dando una prima
verifica istantanea. Tra i più utilizzati Web Developer tools
(Chrispederick 2013), un addon per Firefox, e F12 Developer
tools di Internet Explorer (Microsoft 2013).

In figura 2.5 si mostra la Web Developer toolbar visua-
lizzata da Firefox dove sono in evidenza le tre virgole verdi,
sinonimo di rispetto delle linee guida sull'accessibilità.

Figura 2.5: Wcag bar

Capitolo 3

Paradigma MVC

Parlando di MVC di intende un approccio alla programmazione basato su **Model, View, Controller**, ovvero **Modello, Vista, Controllo** (mostrato in figura 3.1): lo scopo è di avere una separazione logica tra i dati, la loro elaborazione e la loro visualizzazione. Nell'esempio appena riportato abbiamo una pagina HTML e relative istruzioni di formattazione, al cui interno si trova il codice Php e i dati che controllano il ciclo `for`: in un esempio di poche righe questo non è un problema, ma in programmi più articolati la cosa crea non poca confusione, sia in fase di sviluppo, che di mantenimento del programma. Il paradigma MVC individua 3 elementi:

Modello definizione della struttura dei dati e delle procedure per accedervi/salvarli in maniera permanente, di solito su database;

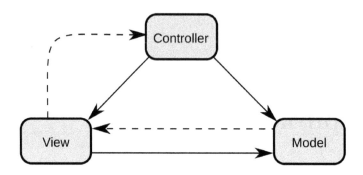

Figura 3.1: Paradigma MVC

Vista definizione di come vengono visualizzati i dati e di come l'utente interagisce con essi;

Controllo raccoglie tutta la logica di elaborazione dei dati: riceve le richieste dall'utente tramite le viste, li elabora interagendo coi modelli, e visualizza le risposte sempre tramite le viste.

Le interazioni tra le varie parti avvengono con modalità specifiche del linguaggio di programmazione che si sta usando, nel nostro caso Php, mentre l'organizzazione del progetto che realizza la separazione logica delle varie parti dipende dal framework usato, nel nostro caso Symfony.

3.1   Struttura di un progetto Symfony

Vediamo ora la struttura dei file e delle cartelle del progetto "demo" di Symfony, in particolare per le versioni 2.x (la prima) e le versioni 3.x (la seconda).

```
- Symfony 2.x -
.
|-- app
|   |-- Resources
|   |   +-- views
|   |        +-- default
|   |-- cache
|   |-- config
|   +-- logs
|-- bin
|-- src
|   +-- AppBundle
|          |-- Controller
|          |-- Entity
|          +-- Repository
|-- vendor ...
+-- web ...

- Symfony 3.x -
.
|-- app
|   |-- Resources
|   |   +-- views
|   |        +-- default
|   +-- config
|-- bin
|-- src
|   +-- AppBundle
```

```
|        |-- Controller
|        |-- Entity
|        +-- Repository
|-- var
|    |-- cache
|    +-- logs
|-- vendor ...
+-- web ...
```

Si notano delle differenze, ma è solo un riordino delle informazioni, ad esempio sono stati spostati i file temporanei e di log nella directory var, per avvicinarsi alle convenzioni dei sistemi Linux. Questa attività di riordino è continuata anche nella versione 4, dove ad esempio i file di configurazione si trovano in config e non app/config, e la cartella web ora si chiama public. Nel caso si cambi la versione maggiore, oppure ci si trovi a dover esaminare un progetto altrui, teniamo presente che le informazioni sono comunque tutte presenti, eventualmente si tratterà di cercare dove sono.

Questo esempio è stato creato con il comando symfony new demo lts (per installare il comando symfony si veda più avanti a pagina 74); vediamo le cartelle più interessanti:

app/config: file di configurazione (parametri di accesso al database, gestione dei file di log e molto altro);

app/Resources/views: file relativi alle viste, ovvero i template dei file HTML e la definizione dell'interfaccia utente;

src/AppBundle/Controller: contiene i controllori; il codice Php che implementa la logica della nostra applicazione;

`src/AppBundle/Entity`: contiene i modelli, ovvero la descrizione della struttura dei dati e il codice per interagire con il database;

`app/logs` o `var/logs`: directory molto utile sia in fase di sviluppo che di produzione in quanto contiene i log di quanto succede nell'applicazione, e ci consente di trovare eventuali errori o di avere una traccia di quanto stanno facendo gli utenti; le informazioni possono essere personalizzate come descritto a pagina 143.

Nello sviluppo delle applicazioni verranno usare prevalentemente le cartelle `views`, `Controller` ed `Entity` che rispecchiano l'organizzazione MVC del codice.

3.2 Config e ambienti di lavoro

Prima di vedere come viene implementato in Symfony il paradigma MVC, analizziamo la parte di configurazione dell'applicazione da farsi nella fase iniziale.

Teniamo presente che il file di configurazione a cui l'applicazione accede è `config*.yml`, tutti gli altri sono inclusi dal primo e servono per organizzare in maniera logica le informazioni; abbiamo ben 4 file di questo tipo: `config.yml`, `config_dev.yml`, `config_prod.yml` e `config_test.yml`.

Questo ci dà modo di introdurre il concetto di Symfony relativo agli **ambienti di lavoro**, ovvero possiamo preparare e mantenere configurazioni diverse nello stesso progetto; tipicamente si usa l'ambiente **dev** e l'ambiente **prod** rispettivamente per la fase di sviluppo e per l'installazione in produzione. La differenza tra i due sta nel tipo di messaggi di errore, che danno molte informazioni nel caso di ambiente di sviluppo mentre in produzione sono molto sintetici.

In breve:

I due ambienti di lavoro dev e prod sono otti-mizzati rispettivamente per lo sviluppo e l'uso in produzione dell'applicativo.

Quando si utilizza il server web incluso in Symfony come vedremo a pagina 75, si sta lavorando nell'ambiente di sviluppo ed abbiamo tutte le facilitazioni sui log degli errori disponibili in Symfony.

In un primo momento si possono lasciare tutte le altre configurazioni di default: gli unici parametri che sarà necessario configurare sono quelli del database, come vedremo in seguito nell'esempio.

3.3   Controllore e route

Partiamo dall'elemento centrale del paradigma MVC, ovvero la logica dell'applicazione implementata nei controllori; diciamo che sono centrali nel senso che essi interagiscono sia con le viste che con i modelli.

Il controllore nel framework Symfony è un blocco di codice Php, definito come metodo (una funzione pubblica) all'interno di una classe `Controller`. Il file in cui si trova il codice si chiama `DefaultController.php`, ma la cartella `Controller` può contenere più file diversi, in cui separare ed organizzare il codice per funzionalità.

All'interno della classe Controller oltre alla logica dell'applicativo c'è l'associazione tra l'URL richiesto dall'utente e il codice Php corrispondente. L'URL è lo strumento che l'utente utilizza per interagire con la nostra applicazione tramite il browser: quest'ultimo visualizza una pagina (definita in una vista) e inoltra l'input dell'utente al controllore.

Detto in altro modo, la nostra applicazione ha una serie di funzionalità, implementate nei controller, e l'utente ha la possibilità di selezionare ed eseguire la funzionalità richiesta tramite l'URL scritto nel browser; la `route` associa l'URL (la richiesta dell'utente) al Controllore (il codice da eseguire)

In breve:

Una `route` è un'associazione tra l'URL (la richiesta dell'utente) e il codice eseguito per generare la risposta.

L'associazione tra URL e specifica funzione da eseguire può avvenire in diversi modi: vediamo come procedere tramite file di configurazione; nella cartella app/config c'è un file chiamato routing.yml, che viene incluso dal file config.yml e che contiene le associazioni tra URL e funzione (tale associazione è chiamata nel gergo di Symfony route). La configurazione di default è:

```
app:
    resource:  "@AppBundle/Controller/"
    type:      annotation
```

ovvero stiamo delegando le associazioni del nostro applicativo alle annotazioni (annotation) presenti nel codice Php dei controllori (la sintassi "@AppBundle/Controller/" indica che si useranno le annotazioni dei file presenti nella cartella AppBundle/Controller): per annotazioni si intende dei semplici commenti posti prima della funzione in questione, con una specifica sintassi; la versione minima di annotazione è:

```
/**
 * @Route("/", name="homepage")
 */
public function indexAction(Request $request)
{ ... }
```

Questo approccio ha il vantaggio che ogni funzione ha l'associazione dell'URL immediatamente prima della sua definizione; la sintassi utilizza la chiamata alla funzione @Route il cui scopo è associare:

- URL che viene chiesto dall'utente (il primo parametro);

- un nome simbolico (il parametro name);

- il codice effettivo (la funzione immediatamente successiva al commento);

la definizione delle route può essere molto flessibile, ad esempio includendo parametri generici; se abbiamo un applicativo che mostra una scheda per ogni utente possiamo scrivere:

```
/**
 * @Route("/utente/{ilnome}", name="nomeroute",
        defaults={"ilnome": ""})
 */
public function utenteAction(Request $request, $ilnome)
```

in questo modo la funzione utenteAction viene chiamata ogni volta che l'utente chiede un URL del tipo

http://sito.com/utente/unnomequalsiasi

e le viene passata la stringa "unnomequalsiasi" come parametro. Sarà poi il codice dell'applicativo a gestire tale informazione e produrre la pagina di risposta all'utente. La posizione del parametro può essere arbitraria all'interno dell'URL:

@Route("/utente/{ilnome}/scheda", ...

oppure si possono inserire più parametri:

```
@Route("/utente/{ilcognome}/{ilnome}", ...
```

il parametro **defaults** si può usare per indicare un valore di default nel caso l'utente non lo indichi nell'URL (ed il parametro in questione sia l'ultimo elemento dell'URL). Si può anche vincolare il parametro ad assumere un particolare formato utilizzando espressioni regolari, ad esempio se vogliamo che **ilnome** abbia solo caratteri alfabetici useremo il parametro **requirements** come segue:

```
/**
 * @Route("/user/{ilnome}", name="nomeroute",
       requirements={"ilnome": "[a-zA-Z]+"})
 */
```

Può sembrare che l'inserimento delle route nel codice renda poi difficile capire quali sono le route definite, e quindi gli URL gestiti dall'applicativo: ci viene in aiuto il comando **bin/console debug:router**[1] che mostra tutte le route definite (lo vedremo meglio a pagina 80).

Teniamo presente che Symfony verifica se la route richiesta dall'utente è tra quelle definite seguendo l'ordine mostrato dal comando **debug:router**, ed esegue la funzione che corrisponde alla prima route che soddisfa i criteri di ricerca. Ad esempio se vogliamo avere due diverse funzioni (e quindi due diverse route) che riconoscono un parametro numerico ed un parametro alfanumerico, usando come requirements le espressioni regolari possiamo scrivere:

---

[1]notiamo che nella versione 2.x il comando veniva chiamato **app/console** mentre dalla 3 in poi si chiama **bin/console**

```
/**
 * @Route("/user/{ilnumero}", name="nomeroutenumero",
        requirements={"ilnome": "[0-9]+"})
 */

...

/**
 * @Route("/user/{lastringa}", name="nomeroutestringa",
        requirements={"ilnome": "[a-zA-Z0-9]+"})
 */

...
```

ma dovremmo definirle in questo ordine, prima quella che definisce il numero, poi quella che definisce la stringa alfanumerica, in caso contrario verrà sempre riconosciuta solo la stringa alfanumerica (un numero è una stringa alfanumerica che contiene solo numeri).

Le espressioni regolari sono uno strumento molto potente e consentono di avere definizioni molto flessibili, ad esempio vincolare la stringa alfanumerica ad iniziare con una lettera. In rete si trovano molti esempi di come procedere in questo senso.

Il meccanismo di definizione delle route ha anche la possibilità di vincolare il riconoscimento ad altre condizioni: la si può associare al metodo con cui il browser richiede la pagina (ad esempio, se è un GET o un POST) o a quale browser sta facendo la richiesta (Firefox, Chrome, Opera ...).

3.4 Controllore e vista

Nel paradigma MVC l'interazione con la logica dell'applicazione implementata dai controllori avviene tramite le viste: i controllori sono costituiti dal codice che esegue le operazioni, mentre le viste sono l'interfaccia utente.

Nel caso di applicazioni web l'interfaccia è costituita da un certo numero di pagine in funzione delle diverse tipologie di dati da presentare o di moduli di input che l'utente deve compilare. Queste schermate, le viste o `view` del paradigma MVC, sono implementate in Symfony come template di pagine HTML in quanto l'accesso all'applicazione avviene tramite browser.

Lo strumento che il framework offre per la gestione dei template è costituito dalla libreria **Twig** che mette a disposizione una serie direttive per costruire in maniera dinamica e flessibile le pagine.

In breve:

Twig è una libreria per costruire e gestire template di pagine HTML; può essere usata sia da sola che all'interno del framework Symfony.

Nel framework Symfony i file relativi a questi template

HTML sono archiviati in `app/Resources/views` e relative sottocartelle. Vediamo ora l'approccio di Twig alla costruzione dei template: nel progetto di un applicativo web abbiamo una struttura comune a tutte le pagine tale da identificare il sito e renderne la navigazione più semplice ed intuitiva per l'utente.

Questo è reso possibile dall'uso di blocchi (`block`); si riporta come esempio il file `Resources/views/base.html.twig`:

```
<!DOCTYPE html>
<html>
  <head>
    <meta charset="UTF-8" />
    <title>{% block title %}Welcome!{% endblock %}
    </title>
    {% block stylesheets %}{% endblock %}
    <link rel="icon" type="image/x-icon"
        href="{{ asset('favicon.ico') }}" />
  </head>
  <body>
    {% block body %}{% endblock %}
    {% block javascripts %}{% endblock %}
  </body>
</html>
```

questa è la struttura di base della pagina in HTML standard (il file ha l'estensione `html`), in cui compaiono alcune direttive extra tipiche di twig (infatti c'è una seconda estensione `twig`), in particolare:

```
{% block nomeblocco %}{% endblock %}
```

In breve:

{% block nomeblocco %}{% endblock %}
definisce un blocco: il contenuto può essere
predefinito o essere personalizzato in seguito.

questo significa che possiamo creare una pagina distinti-
va della nostra applicazione web, specificando loghi, colori,
eventuali scritte che devono essere comuni a tutte le pagine,
personalizzazioni CSS o anche JavaScript. In questa pagina
poi verranno inseriti dei contenuti in corrispondenza dei vari blocchi; ciascuna pagina definirà un blocco **body** in cui vi
sarà il contenuto specifico; le personalizzazioni in questo caso
riguardano:

- titolo

- body

- stylesheets

- javascripts

Questo esempio, che fa parte del "demo" di Symfony, contiene dei blocchi che possono andare bene per moltissime applicazioni, ma teniamo presente che tutti i nomi sono arbitrari

e che ciascuno può inserire tutti i blocchi che desidera con i nomi più adatti al proprio progetto.

Notiamo che alcuni blocchi sono definiti vuoti mentre il blocco "titolo" ha un testo al suo interno: questa è una regola generale, ovvero ogni blocco può avere un contenuto predefinito. Quando in seguito lo si personalizzerà si può scegliere se integrare o sostituire completamente il contenuto di default.

Un altra estensione che Twig fornisce è:

`{{ espressione }}`

che consente di valutare il valore di una variabile, di una espressione o anche di una funzione, come nel caso mostrato `{{ asset('favicon.ico') }}`. Notiamo che abbiamo due diverse modalità per utilizzare le funzionalità di Twig:

- `{% ... %}` funzionalità relative a blocchi e strutture logiche di programmazione come esecuzioni condizionali o cicli.

- `{{ ... }}` valutazione di espressioni/funzioni.

In breve:

`{{ espressione o funzione }}`
calcola il risultato di una espressione o funzione e lo inserisce nell'HTML.

La funzione `asset()` consente di inserire nell'HTML una risorsa presente nel file `web/favicon.ico` (si può organizzare il materiale in sottocartelle di `web`). Vediamo come usare il template base con l'esempio in `views/default/index.html.twig`:

```
{% extends 'base.html.twig' %}
{% block body %}
Il contenuto del mio blocco <em>body</em>
{% endblock %}
```

introduciamo la direttiva

```
{% extends 'nometemplate.html.twig' %}
```

In breve:

{% extends 'nometemplate.html.twig' %}
Include il template indicato.

e usiamo la direttiva `block` che in questo caso personalizza il contenuto del blocco in questione. Il meccanismo di inclusione dei template tramite il comando `extends` introduce una gerarchia tra i file, nel nostro caso limitata a 2 livelli, ma se ne possono avere ben di più:

- blocco padre (il `base.html.twig`)

- blocco figlio (quello che include il precedente)

il contenuto del blocco figlio sostituisce sempre quello del blocco padre, a meno che non venga esplicitamente incluso tramite la funzione **parent()** che ritorna appunto il contenuto del blocco padre:

```
{% extends 'base.html.twig' %}
{% block title %}
{{ parent() }}
e qui inserisco il sottotitolo
{% endblock %}
```

 In breve:

funzione `parent()`
ritorna il contenuto del blocco padre.

Questo può essere molto utile per la sezione **javascripts** o **CSS** in cui si possono definire degli script/CSS comuni nel template base, ed aggiungere qualche personalizzazione nelle altre pagine.

In questo modo possiamo creare una gerarchia di template e, lavorando con i blocchi, personalizzare il contenuto in
maniera molto flessibile.

Vediamo ora come il `controllore` può chiamare la `vista`:

```
return $this->render('default/index.html.twig');
```

Il controllore, come visto, è una classe Php in cui è disponibile il metodo `render`, che prende come input un template
Twig, lo interpreta e produce una pagina HTML standard: i
template vengono individuati tramite il nome del file relativamente alla cartella `Resources/views`. Il controllore può anche
inviare dei parametri:

```
$variabile = "parametro variabile";
return $this->render('default/index.html.twig', array(
        'parametro1' => "valore del parametro",
        'parametro2' => "un altro parametro",
        'parametro3' => $variabile
    )););
```

ai quali si accede dal template tramite la valutazione di
un'espressione con il costrutto {{ **expressione** }}:

```
{% extends 'base.html.twig' %}
{% block body %}
<ul>
<li> {{ parametro1 }} </li>
<li> {{ parametro2 }} </li>
<li> {{ parametro3 }} </li>
</ul>
{% endblock %}
```

Il numero di parametri che si possono passare è arbitrario, come pure i nomi dei parametri stessi, essendo il passaggio implementato tramite un array associativo di Php. Anche la tipologia di parametro è arbitraria, e particolarmente utile può essere il passaggio di un array:

```
$variabile = array('Gennaio', 'Febbraio', 'Marzo');
return $this->render('default/index.html.twig', array(
        'parametroArray' => $variabile
    )););
```

che verrà utilizzato nel seguente modo nel template:

```
{% extends 'base.html.twig' %}
{% block body %}
Lunghezza array: {{ parametroArray|length }}
<ul>
 {% for v in parametroArray %}
   <li>{{ v }}</li>
 {% endfor %}
</ul>
{% endblock %}
```

Vediamo qui altre 2 interessanti possibilità di Twig: i **filtri** lavorano nello stesso modo delle pipe di Unix, ovvero prendono il valore alla loro sinistra (a sinistra del simbolo '|') ed eseguono una operazione restituendo un risultato. Twig mette a disposizione vari filtri predefiniti (nella documentazione `http://twig.sensiolabs.org/doc/filters/index.html` si trova la lista completa):

- `abs`: valore assoluto di un numero

- **capitalize**: il primo carattere della stringa viene trasformato in maiuscolo
- **escape**: inserisce dei caratteri di escape in modo che la stringa risultante sia HTML valido: ad esempio il carattere "<" diventa "<"
- **length**: lunghezza di un vettore
- **lower**: trasforma la stringa in caratteri minuscoli
- **split(',')**: divide la stringa in corrispondenza del carattere ',' e ritorna una lista di stringhe
- **title**: trasforma in maiuscolo il primo carattere di ogni parola
- **trim**: toglie gli spazi prima e dopo la stringa
- **upper**: trasforma la stringa in maiuscolo

In breve:

filtro, indicato da '|': esegue una elaborazione dell'espressione alla sua sinistra passandola alla funzione alla sua destra.

---

ed eventualmente se ne possono usare anche più di uno in serie. I filtri possono anche essere definiti dall'utente, ma questo rientra tra le funzionalità avanzate eventualmente consultabili su http://twig.sensiolabs.org/doc/advanced.html.

Abbiamo poi il costrutto `for`

```
{% for variabile in array %}
  <li>
    posizione {{ loop.index }}: {{ variabile }}
  </li>
{% endfor %}
```

che rappresenta un metodo molto compatto ed elegante per stampare liste di elementi. Il costrutto si aspetta un array ed esegue il rendering del corpo del for assegnando di volta in volta a `variabile` un diverso elemento del vettore a partire dal primo. All'interno del ciclo for sono a disposizione alcune variabili:

In breve:

`costrutto for`: **esegue il rendering di un blocco di HTML per tutti gli elementi di un vettore.**

- `loop.index`: indice del ciclo a partire da 1
- `loop.index0`: indice del ciclo a partire da 0
- `loop.revindex`: numero delle iterazioni contando dalla fine (indicizzando l'array da 1)
- `loop.revindex0`: numero delle iterazioni contando dalla fine (indicizzando l'array da 0)

- `loop.first`: vero se è la prima iterazione
- `loop.last`: vero se è l'ultima iterazione
- `loop.length`: numero di iterazioni totali
- `loop.parent`: contesto padre (ad esempio per cicli nidificati, `loop.parent.loop.index` identifica l'indice del ciclo esterno)

Accanto alla gestione dei cicli vi è la gestione condizionale di parti di template:

```
{% if messaggioErrore == true %}
    <p>ATTENZIONE: C'E' UN ERRORE.</p>
{% endif %}
```

In breve:

costrutto `if`: mostra la parte di HTML al suo interno solo se la condizione è vera.

questo costrutto può essere molto utile per adattare la pagina di output ai parametri da mostrare.

Infine una espressione molto utile per gestire i collegamenti tra le pagine è la funzione `path()`:

```
{{ path(homepage) }}
```

che semplicemente mette nell'HTML finale un link all'URL corrispondente alla route il cui nome simbolico è `homepage`

 In breve:

funzione `path(nomesimbolico)`: ritorna l'URL effettivo di una route il cui nome simbolico è `nomesimbolico`.

3.5 Controllore e modello

L'ultimo elemento del paradigma MVC da esaminare è il modello, ovvero come viene fatta la gestione dei dati. Un applicativo web ha un database che memorizza tutte le informazioni e l'interazione tipica prevede un accesso al database per recuperare dei dati, la loro visualizzazione o gestione di qualche tipo e il loro salvataggio.

Vi possono essere diversi tipi di database, tra i più diffusi MySQL (`www.mysql.com`), PostgreSQL (`postgresql.org`), SQLite (`sqlite.org`), ciascuno con le sue peculiarità e differenti tipi di chiamate per l'accesso ai dati, ma il cui scopo è sempre lo stesso.

Dal punto di vista del programmatore questo significa che deve scrivere del codice leggermente diverso in funzione del tipo di database che intende usare, e se si cambia database, bisogna cambiare leggermente il codice.

La soluzione consiste nell'utilizzare delle librerie con delle chiamate standard che poi si occuperanno di eseguire le chiamate specifiche per il database che si usa in quel momento.

Per quanto riguarda Symfony, lo strumento che ci consente di astrarre la gestione dei dati (detto anche ORM - Object Relational Mapping) è **Doctrine** (`doctrine-project.org`): questa non è l'unica soluzione, ma è quella che viene installata di default nel framework.

Doctrine consente di descrivere la struttura dei dati che vogliamo usare, in maniera astratta e indipendente dal database, e fornisce delle utilità e funzioni per la gestione di tali dati.

Le specificità del database sottostante possono essere ignorate dal programmatore, che si deve solo occupare di fornire i parametri d'accesso allo stesso. Vi sono essenzialmente 4 fasi da esaminare:

- configurazione del database;

- gestione del database (creazione/cancellazione tabelle);

- descrizione della struttura dati;

- utilizzo del database nell'applicazione;

3.5.1 Configurazione

La prima cosa da fare è indicare a Doctrine qual'è il database che intendiamo utilizzare: si tratta di configurarne i parametri, scrivendoli nel file `app/config/parameters.yml`[2]; questo file si presenta con una configurazione di default come segue:

```
parameters:
    database_host: 127.0.0.1
    database_port: null
    database_name: symfony
    database_user: root
    database_password: null
```

i parametri da inserire hanno dei nomi abbastanza chiari, comunque:

database_host: indirizzo IP del server su cui è installato il database

database_port: porta su cui il database risponde alle richieste

database_name: nome del database

database_user: utente del database

database_password: password dell'utente del database

una volta configurati i parametri, si tratta di configurare **Doctrine** nel file `app/config/config.yml`

---

[2]in Symfony 4.x l'estensione è divenuta `yaml` e il file `parameters` non esiste più: il file base di configurazione è `container.yaml`

```
doctrine:
    dbal:
        driver:    pdo_mysql
        host:      "%database_host%"
        port:      "%database_port%"
        dbname:    "%database_name%"
        user:      "%database_user%"
        password:  "%database_password%"
        charset:   UTF8
```

dove la selezione del database viene fatta nel parametro
driver; in questo caso il driver scelto è pdo_mysql, ovvero
il database MySQL; nel caso volessimo utilizzare il database
PostgreSQL, l'unica cosa da cambiare è il parametro driver
che diventa:

```
doctrine:
    dbal:
        driver:    pdo_pgsql
        ...
```

 In breve:

**Primo passo: definizione dei parametri di
connessione al database**

Vi sono vari altri driver che si possono utilizzare, ma questi sono i due database principalmente usati di solito. Un terzo tipo di database che merita una citazione è **SQLite**: si tratta di un database che offre una interfaccia simile a quella degli altri due, ma viene implementato tramite un singolo file nel filesystem, senza la necessità di installare e configurare dei database server. Soprattutto in fase di sviluppo può essere una ottima scelta in quanto ci semplifica le configurazioni sistemistiche da fare: nel file **parameters.yml** è sufficiente aggiungere la riga

```
database_path: "%kernel.root_dir%/sqlitefile.db3"
```

gli altri parametri diventano inutili, ma si possono anche lasciare, verranno semplicemente ignorati; mentre nel file **app/config/config.yml**, la configurazione di **Doctrine** per l'uso di SQLite è:

```
doctrine:
    dbal:
        driver: pdo_sqlite
        path:    "%database_path%"
        charset: UTF8
```

Trattandosi di un database memorizzato in un file, in questo caso in **sqlitefile.db3**, non servono tutti gli altri parametri (host, porta, user) in quanto l'accesso è semplicemente un accesso al filesystem.

SQLite viene solitamente presentato come una soluzione da usare in fase di prototipo e test, ma in realtà ha una serie di vantaggi:

- efficiente nell'accesso: si tratta di un accesso al filesystem, non c'è alcun overhead di rete

- molto robusto e ben testato: usato dal client di Dropbox, dal browser Firefox e Chrome, da Android e in molti altri applicativi

- nessuna configurazione da fare

- ideale per piccole applicazioni web (fino a varie centinaia di migliaia di accessi al giorno)

Ovviamente vi sono casi in cui non lo si può usare, ad esempio se sono necessari server web e server database separati o se si prevede di realizzare un sito che debba essere scalabile a milioni di accessi al giorno.

3.5.2   Utilità di gestione

Un volta che l'accesso al database è stato configurato, lo si può gestire con alcune utilità rese disponibili da Doctrine; quelle essenziali sono

- `./bin/console doctrine:schema:create`: crea un nuovo database: parametri e nome del database sono quelli presenti nella configurazione;

- `./bin/console doctrine:schema:drop --force`: cancella completamente il database in questione: molto comodo in fase di sviluppo per essere sicuri di partire da un database pulito (dopo di questo bisogna dare il comando `create`);

- `./bin/console doctrine:schema:update --force`: si tratta di un comando da usare in fase di sviluppo; nel caso si cambi la struttura dei dati, invece di dare i comandi `drop` e `create` in sequenza, si può dare il comando in questione che verifica la struttura attuale dei dati e aggiorna il database modificandolo di conseguenza. È da evitare di dare questo comando in sistemi in produzione!

- `./bin/console list | grep doctrine`: questo riporta la lista dei comandi disponibili relativamente a "doctrine" (uso del database).

3.5.3 Descrizione della struttura dati

La struttura dati, ovvero il modello nel paradigma MVC, viene descritta nei file presenti in `src/AppBundle/Entity`, che hanno un formato ben preciso, ma fortunatamente c'è una utilità che genera tali file in automatico.

 In breve:

Secondo passo: descrizione della struttura dei dati

Per procedere alla definizione si devono definire i tipi di dati che vogliamo memorizzare, tipicamente ordinati in classi chiamate Entity: ciascuna Entity contiene un certo numero di campi di diverso tipo. Dobbiamo quindi decidere

- quante entity definire e il loro nome

- per ciascuna entity definire il numero di campi, il loro nome e il loro tipo

Una volta chiaro quello che si vuole memorizzare nel database, si può utilizzare il comando doctrine:generate:entity per inizializzare la struttura dei dati; vediamo che informazioni chiede e poi le commentiamo:

```
$ php bin/console doctrine:generate:entity

  Welcome to the Doctrine2 entity generator

This command helps you generate Doctrine2 entities.

First, you need to give the entity name you want
to generate. You must use the shortcut notation like
AcmeBlogBundle:Post.

The Entity shortcut name: AppBundle:Prova

Determine the format to use for the mapping information.

Configuration format (yml, xml, php, or annotation)
  [annotation]:
```

```
Instead of starting with a blank entity, you can add some
fields now. Note that the primary key will be added
automatically (named id).

Available types: array, simple_array, json_array, object,
boolean, integer, smallint, bigint, string, text, datetime,
datetimetz, date, time, decimal, float, binary, blob, guid.

New field name (or <enter> to stop adding fields): titolo
Field type [string]:
Field length [255]:
Is nullable [false]:
Unique [false]:

New field name (press <return> to stop adding fields):

  Entity generation

Generating entity class src/AppBundle/Entity/Prova.php: OK!
Generating repository class
  src/AppBundle/Repository/ProvaRepository.php: OK!

Everything is OK! Now get to work :).
```

La prima cosa da fornire è il nome

```
The Entity shortcut name: AppBundle:Prova
```

la sintassi prevede il nome del pacchetto seguito dal nome della Entity, **Prova** in questo caso. Per la seconda domanda, relativamente al formato, si può semplicemente premere enter lasciando il default. Infine si inseriscono i nomi dei campi e per ciascuno il relativo tipo; se al posto del nome del campo

si preme ENTER, si conclude l'immissione dei dati e viene
generato il codice.

```
New field name (or <enter> to stop adding fields): titolo
Field type [string]:
Field length [255]:
Is nullable [false]:
Unique [false]:
```

Nell'esempio abbiamo inserito il nome `titolo` e ne abbiamo definito il tipo come `string` di 255 caratteri. Il nome è
arbitrario, mentre il tipo può essere scelto tra la lista presen-
tata: `array`, `simple_array`, `json_array`, `object`, `boolean`,
`integer`, `smallint`, `bigint`, `string`, `text`, `datetime`,
`datetimetz`, `date`, `time`, `decimal`, `float`, `binary`, `blob`, `guid`.

Le altre 2 opzioni indicano se il campo può essere nullo e se
deve o meno essere un campo unico: queste scelte dipendono
da come abbiamo progettato la nostra struttura dati.

Una volta concluso l'inserimento dei dati viene generato il
file `src/AppBundle/Entity/Prova.php` che contiene il titolo e
le due funzioni `getTitolo` e `setTitolo` necessarie per accedere
a tale campo.

Il campo `id` viene generato automaticamente ed è usato
dal database per individuare univocamente ciascuna Entity che
verrà creata e memorizzata nel database.

```php
<?php

namespace AppBundle\Entity;

use Doctrine\ORM\Mapping as ORM;
```

```
/**
 * Prova
 *
 * @ORM\Table(name="prova")
 * @ORM\Entity(repositoryClass=
        "AppBundle\Repository\ProvaRepository")
 */
class Prova
{
    /**
     * @var int
     *
     * @ORM\Column(name="id", type="integer")
     * @ORM\Id
     * @ORM\GeneratedValue(strategy="AUTO")
     */
    private $id;

    /**
     * @var string
     *
     * @ORM\Column(name="titolo", type="string",
                                  length=255)
     */
    private $titolo;


    /**
     * Get id
     *
     * @return integer
     */
```

```
public function getId()
{
    return $this->id;
}

/**
 * Set titolo
 *
 * @param string $titolo
 * @return Prova
 */
public function setTitolo($titolo)
{
    $this->titolo = $titolo;

    return $this;
}

/**
 * Get titolo
 *
 * @return string
 */
public function getTitolo()
{
    return $this->titolo;
}
}
```

Il comando `doctrine:generate:entity` genera una Entity nuova, ma nel caso si voglia modificare una Entity esistente aggiungendo un campo nuovo, è sufficiente aggiungere la definizione del campo, ad esempio:

```
/**
 * @ORM\Column(name="vettore", type="json_array")
 */
private $vettore = array();
```

e poi dare il comando seguente (non modifica le altre funzioni e definizioni già presenti):

```
./bin/console doctrine:generate:entities \
    AppBundle/Entity/Prova
```

esso provvede ad inserire le funzioni **get** e **set** per la nuova variabile **vettore**. Il nome della variabile, **vettore** viene indicato anche nella annotazione in corrispondenza del parametro **name**, mentre il parametro **type** indica uno dei tipi di variabile elencati precedentemente.

Si noti che se si cambia la struttura dei dati, è necessario aggiornare il database, o cancellandolo e ripartendo da un database vuoto, oppure con il comando **doctrine:schema:update --force** già visto.

Nella progettazione della struttura dati avremo probabilmente delle relazioni tra gli stessi, definite di solito **OneToOne**, **ManyToOne**, **ManyToMany**: Doctrine ha modo di definire queste relazioni come vedremo in seguito nell'esempio Questime a pagina 97.

3.5.4 Accesso ai dati

Dopo che si è configurata e creata la struttura dei dati da inserire nel database, dobbiamo accedervi; questo viene fatto dai

controllori tramite la libreria Doctrine. Vediamo un esempio
di creazione e memorizzazione nel database di una Entity:

In breve:

Terzo passo: accesso ai dati da un controller

```
...
use AppBundle\Entity\Prova;
...


public function creaNuovoAction(Request $request)
{
  $p = new Prova();
  $p->setTitolo("Esempio");

  $m = $this->getDoctrine()->getManager();
  m->persist($p);
  m->flush();
}
```

L'entity è una normale classe Php, solo che tramite le annotazioni, tale classe è mappata nel database e la libreria Doctrine è in grado di memorizzarla in esso. Le prime istruzioni
sono quindi chiamate standard Php, **new** per creare la classe,
`setTitolo` per assegnare un valore al campo `titolo`. In questo

modo si può procedere per tutti i campi dell'Entity, dato che
`doctrine:generate:entities` ha generato per ogni campo la
corrispondente funzione `getNomeCampo` e `setNomeCampo`.

Una volta che abbiamo la nostra Entity inizializzata, le
operazioni effettive di salvataggio si fanno tramite il doctrine
manager, e in particolare le 2 operazioni `persist()`, in cui si
dichiara che i dati dovranno essere memorizzati nel database, e
`flush()` che effettua le operazioni di salvataggio dati. Anche le
operazioni di recupero dati dal database sono molto semplici:

```
...
use AppBundle\Entity\Prova;
...

public function esempioAction(Request $request)
{
  $repo = $this->getDoctrine()
              ->getRepository('AppBundle:Prova');
  $x = $repo->findOneByTitolo("Un titolo");
  ...
}
```

si fa uso del **repository** di doctrine che fornisce alcune
facilitazioni per il recupero dei dati: nel nostro caso abbiamo
usato la funzione **findOneByTitolo** che semplicemente cerca
nel database il primo Entity il cui titolo è "Un titolo". In
fase di creazione dell'Entity sono state generate una funzione
di tipo **find** per ogni campo, in modo da lasciare libertà nei
modi di ricerca. Oltre alla ricerca per campi, si possono anche
recuperare tutte le Entity con il comando

```
...
```

```
vettore = $repo->findAll();
```

che ritorna un vettore di Entity di tipo Prova che poi potremmo gestire come preferiamo in Php (ovviamente è da evitare di usare un findAll in database con molti dati). Segnaliamo
anche la ricerca:

```
...
$x = $repo->find($id);
```

che fa uso del campo id: in fase di generazione della Entity,
questo è l'unico campo che è inserito automaticamente da Doctrine ed è un campo univoco generato automaticamente ogni
volta che una nuova Entity è creata nel database. Si utilizza
per identificare univocamente una determinata Entity.

Nel caso volessimo leggere, modificare e memorizzare una
Entity, semplicemente usiamo le istruzioni precedenti:

```
...
$repo = $this->getDoctrine()
            ->getRepository('AppBundle:Prova');
$p = $repo->findOneByTitolo("Un titolo");
...
// gestione errori
...
$p->setTitolo("Esempio");
$m = $this->getDoctrine()->getManager();
m->flush();
...
```

unica differenza è la mancata chiamata alla funzione persist
in quanto l'entity è stata caricata dal database per cui Doctrine
sa già che dovrà procedere al salvataggio (funzione flush).

Capitolo 4

Primi passi con Symfony

Vediamo in questo capitolo come creare un piccolo esempio
didattico costituito da 3 pagine: una homepage con 2 link,
e due sottopagine diverse, ciascuna con il link alla homepage.
Ovviamente un risultato del genere si può ottenere velocemente
con 3 pagine HTML statiche, ma la semplicità dell'esempio ci
consente di concentrarci su:

- definizione delle viste (template)

- definizione delle route

- definizione dei controllori

Prima di tutto procediamo ad installare un ambiente di
lavoro basato su Symfony: si suppone di avere a disposizione

un macchina basata su Linux o su MacOS X, su cui si lavorerà
da linea di comando.

Si suppone altresì di avere installato Php: i test sono stati
eseguiti con le ultime versioni di Php, sia della serie 5.6.x che
7.0.x: per iniziare si può benissimo usare la versione disponibile
come standard sulla propria macchina.

Per quando riguarda Symfony, viene fornito un semplice
tool per la generazione di nuovi progetti; i passi necessari alla
sua installazione sono:

- scaricare il programma `symfony`:

```
$ curl -LsS https://symfony.com/installer \
   -o /usr/local/bin/symfony
$ chmod a+x /usr/local/bin/symfony
```

  in questo modo abbiamo scaricato l'installer ufficiale di
  Symfony, messo in `/usr/local/bin/symfony` e l'abbiamo reso eseguibile, ovvero ora possiamo lanciare il comando `symfony` dalla nostra cartella di lavoro.

- creare il nuovo progetto

```
$ symfony new sapp1 lts
...
* Change current directory to /var/www/html/sapp1
* Configure application in app/config/parameters.yml
* Run your application:
  1 Execute the php bin/console server:start command
  2 Browse to the http://localhost:8000 URL.
```

lanciando il comando `symfony` si ottiene un piccolo help
sulle funzionalità principali. Nel nostro caso abbiamo
creato una nuova applicazione (parametro `new`) chiamata `sapp1` (questo nome è arbitrario, possiamo sceglier-
lo a piacimento); l'ultimo parametro indica che usiamo
l'ultima versione `lts` disponibile.

Ogni 6 mesi viene rilasciata una nuova versione di Symfony, a volte con un supporto garantito per 8 mesi, altre
per 36 mesi: quest'ultime sono dette `lts`, ovvero `Long
Time Support`: a Febbraio 2018 l'ultima versione LTS è
la 3.4, mentre l'ultima versione stabile è la 4.0. Nel corso
del manuale verrà usata prevalentemente la versione 3.x.

Nel caso si voglia una versione specifica, la si può indicare con `symfony new sapp1 2.8` o `symfony new sapp1
3.1`; nel caso non si indichi nulla come versione, vie-
ne usata l'ultima versione stabile che ovviamente cambia
ogni 6 mesi.

• far partire l'applicazione: a questo punto abbiamo lo
  scheletro completo di una applicazione a cui possiamo
  accedere via browser lanciando il comando

```
$ cd sapp1
$ php bin/console server:run

[OK] Server running on http://127.0.0.1:8000

// Quit the server with CONTROL-C.
```

In breve:

Symfony 2 vs 3: Nella versione 3 è cambiata la struttura delle directory, per cui il comando bin/console (versione 3) corrisponde al comando app/console (della versione 2)

vediamo qui un comando fondamentale in ogni fase dello sviluppo della nostra applicazione, ovvero bin/console: segnaliamo intanto che lo si può anche invocare senza premettere php dato che lo script è un eseguibile. Tramite il comando console si può accedere a vari sottoinsiemi di funzionalità, ad esempio:

- prefisso doctrine: la gestione delle Entità del database

- prefisso debug: utilità di debugging

- prefisso server: la gestione del server

Nel caso in questione, in cui vogliamo mandare in esecuzione il server web di Symfony si usa server:run, con la regola generale che la prima parte del comando (quella che precede l ':') indica la sezione generale, mentre la parte successiva specifica l'azione desiderata.

Si tratta di un server da usarsi nella fase di sviluppo, non in produzione, ed è molto comodo in quanto non richiede particolari configurazioni e fornisce tutta la messaggistica utile a trovare possibili errori nella nostra applicazione.

In questo modo possiamo lanciare il nostro browser e inserire l'indirizzo `http://localhost:8000` per vedere cosa fa lo scheletro della nostra applicazione. Il comando accetta anche un altro parametro,

`bin/console server:run 192.168.1.1:8000`,

ovvero nel caso si voglia accedere all'applicazione da un altro computer devo indicare l'indirizzo IP del PC su cui gira il server. Volendo si può cambiare anche la porta su cui il server sarà in ascolto.

Con questi primi passi abbiamo creato e messo in funzione un'applicazione essenzialmente vuota, ma molto velocemente senza dover configurare server web (grazie a quello integrato nel framework) o server database (con l'uso di SQLite).

Il file `app/logs/dev.log` contiene i log dell'applicazione e risulta fondamentale per capire cosa sta succedendo, soprattutto in caso di errore.

Notiamo che il file si chiama `dev.log` in quanto quando si utilizza l'applicazione con il server web integrato viene utilizzata la configurazione di sviluppo (DEVelopment), che offre alcune facilitazioni di debug, fra cui alcune pagine di errore con molte informazioni nel caso succeda qualcosa di non previsto.

In breve:

Installazione della struttura base di un progetto

- `curl -LsS https://symfony.com/installer -o /usr/local/bin/symfony`

- `chmod a+x /usr/local/bin/symfony`

- `symfony new sapp1 lts`

- `bin/console server:run`

Nel caso si lavori nell'ambiente di produzione avremo un file `logs/prod.log`. Se ora proviamo a scrivere sul nostro browser

`http://localhost:8000/example`

riceveremo un errore del tipo:

`No route found for "GET /example"`

come mostrato in figura 4.1. Questo significa che non è presente alcuna definizione per una pagina che si chiama `example`: in effetti al momento non abbiamo definito ancora nulla!

Quando facciamo una richiesta tramite il nostro browser del tipo `/example`, quello che vogliamo fare nella terminologia di

Figura 4.1: Errore: No route found

Symfony è selezionare un percorso (chiamato **route**) fra quelli disponibili a cui è associata una azione che porta a mostrare una pagina web come risultato.

Abbiamo nella nostra applicazione un percorso (route) chiamato `example`? noi non lo abbiamo definito, ma nel dubbio possiamo usare il comando:

In breve:

Comando di visualizzazione delle route gestite nell'applicativo: `bin/console debug:router`

```
$ bin/console debug:router
--------------------- ------ ------ ---- ----------------------------
Name                  Method Scheme Host Path
--------------------- ------ ------ ---- ----------------------------
_wdt                  ANY    ANY    ANY  /_wdt/{token}
_profiler_home        ANY    ANY    ANY  /_profiler/
_profiler_search      ANY    ANY    ANY  /_profiler/search
_profiler_search_bar  ANY    ANY    ANY  /_profiler/search_bar
_profiler_purge       ANY    ANY    ANY  /_profiler/purge
_profiler_info        ANY    ANY    ANY  /_profiler/info/{about}
_profiler_phpinfo     ANY    ANY    ANY  /_profiler/phpinfo
_profiler_search_results ANY ANY    ANY  /_profiler/{token}/search/results
_profiler             ANY    ANY    ANY  /_profiler/{token}
_profiler_router      ANY    ANY    ANY  /_profiler/{token}/router
_profiler_exception   ANY    ANY    ANY  /_profiler/{token}/exception
_profiler_exception_css ANY  ANY    ANY  /_profiler/{token}/exception.css
_twig_error_test      ANY    ANY    ANY  /_error/{code}.{_format}
```

```
homepage                 ANY   ANY   ANY   /
---------------------    ----- ----- ----  --------------------------
```

che ci mostra tutti i percorsi definiti. Stiamo usando sempre il comando `console`, con il sottoinsieme di funzionalità dedicate al debugging, `debug`, e in particolare al debugging di `debug:router` che ci mostra tutti i percorsi definiti.

Al momento, a parte varie pagine di gestione, l'unico percorso definito è quello della `homepage` corrispondente a `/`.

Dunque, riassumendo:

1. il browser richiede una pagina

2. Symfony offre una serie di `route` che associano la pagina richiesta ad un nome simbolico, nel nostro esempio la `route` `/` è associata al nome simbolico `homepage`

3. il nome simbolico è associato ad una funzione che implementa delle azioni da eseguire. Nella nomenclatura di Symfony, l'insieme del codice della nostra applicazione si trova nei **Controllori** o `Controller`

Il controller corrispondente alla richiesta della pagina '/' è in `src/AppBundle/Controller/DefaultController.php`

```php
<?php

namespace AppBundle\Controller;

use Sensio\Bundle\FrameworkExtraBundle\Configuration\Route;
use Symfony\Bundle\FrameworkBundle\Controller\Controller;
use Symfony\Component\HttpFoundation\Request;
```

```
class DefaultController extends Controller
{
  /**
   * @Route("/", name="homepage")
   */
  public function indexAction(Request $request)
  {
    // replace this example code with whatever you need
    return $this->render('default/index.html.twig',
      array('base_dir' =>
        realpath($this->container->getParameter(
          'kernel.root_dir').'/..'),
    ));
  }
}
```

come si può vedere dal codice, la direttiva che associa il path che l'utente chiede con l'effettiva azione è Route, ed il codice relativo è quello immediatamente seguente, che convenzionalmente finisce per Action.

Notiamo che questo meccanismo di definizione della Route all'interno del codice Php viene definito "modalità annotation": noi useremo questo meccanismo che ha il vantaggio di avere l'associazione nel punto in cui c'è il codice di gestione. Ha lo svantaggio che l'elenco delle route definite non è presente in un solo posto, però nel caso si voglia avere una panoramica di tutte le route definite, si può usare il comando che abbiamo visto bin/console debug:router.

Un altro meccanismo che qui non esploreremo fa uso dei file di configurazione, in particolare il file app/config/routing.yml, che nel nostro caso contiene solo una direttiva:

```
app:
    resource: "@AppBundle/Controller/"
    type:     annotation
```

ovvero, dichiara che tutte le route saranno definite all'interno del codice facendo uso delle annotazioni (modalità annotation) come abbiamo precedentemente visto. Nel nostro caso l'unica azione che viene compiuta ci introduce al secondo elemento fondamentale in Symfony dopo i `Controllori`, ovvero le viste, o `View`.

Ricordiamo che il framework adotta il modello MVC (Modello, Vista, Controllore), in cui abbiamo i Controllori che implementano la logica dell'applicazione e le viste che contengono le pagine di output. Quindi l'utente chiede una pagina, nel nostro caso semplicemente la home page `/`, abbiamo l'associazione tra tale richiesta, un suo nome simbolico `homepage` e il codice Php che gestisce la richiesta. Infine il codice di gestione richiama una vista e mostra il risultato all'utente.

Vediamo ora come personalizzare la risposta, ovvero come definire delle pagine HTML a nostro piacimento. Il controller contiene il codice Php che implementa la logica dell'applicazione: tipicamente esegue delle operazioni, e termina ritornando una pagina di risposta all'utente. L'operazione di ritornare la pagina viene eseguita da:

```
return $this->render('default/index.html.twig');
```

ovvero, viene chiamata la funzione `render` su un template `twig`. I template si trovano in `app/Resources/views/` e qui

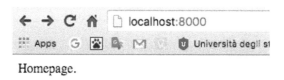
Homepage.

Figura 4.2: A simple homepage

possiamo inserire il template default/index.html.twig con il seguente contenuto:

```
{% extends 'base.html.twig' %}

{% block body %}
    Homepage.
{% endblock %}
```

accedendo a http://localhost:8000/ il risultato sarà una pagina un cui compare scritto semplicemente **Homepage.** come in figura 4.2. Se come esercizio aggiungiamo il seguente codice a DefaultController.php:

```
/**
 * @Route("/home1", name="altroURL")
 */
public function theRootAction()
{
    return $this->render('default/index.html.twig');
}
```

possiamo accedere alla stessa pagina di prima anche usando l'indirizzo http://localhost:8000/home1

4.1 Esempio multipagina

Vediamo ora come realizzare diverse pagine e passare dall'una all'altra, in particolare vedremo:

- gestione dei template

- implementazione di controller diversi

4.1.1 Il template

In `app/Resources/views/base.html.twig` abbiamo il template di tutte le nostre pagine:

In breve:

Il template `base.html.twig` si utilizza per impostare uno stile comune a tutto l'applicativo.

```
<!DOCTYPE html>
<html>
  <head>
    <meta charset="UTF-8" />
    <title>{% block title %}Welcome!{% endblock %}
    </title>
```

```
{% block stylesheets %}{% endblock %}
<link rel="icon" type="image/x-icon"
      href="{{ asset('favicon.ico') }}" />
</head>
<body>
  {% block body %}{% endblock %}
  {% block javascripts %}{% endblock %}
  <hr>
  <a href="{{ path('homepage') }}">
    Go to Homepage
  </a>
</body>
</html>
```

lo scopo del template è avere una struttura comune a tutte le pagine della nostra applicazione: come esempio l'unico elemento comune a tutte le pagine della nostra applicazione è un footer, ovvero la sezione in basso in cui mettiamo un link alla homepage.

Vediamo nel dettaglio la struttura del template di base:

- il file del template è una pagina HTML standard, personalizzabile con CSS e Javascript

- vi sono alcune estensioni proprie della librerie TWIG, in particolare la sintassi {% ... %} è l'elemento base per l'organizzazione in blocchi del template. Vediamo ad esempio che il nostro template include come sua parte principale {% block body %}{% endblock %}, ovvero si definisce un blocco (direttiva block) di nome body che viene lasciato vuoto e sarà riempito in seguito.

- vi è poi la sintassi $\{\{ \ldots \}\}$ che consente la valutazione di una particolare espressione, nel nostro caso `path('homepage')` il cui valore è il path della route chiamata `homepage`: tale nome è il paramentro che abbiamo definito nel codice Php `@Route("/", name="homepage")` in corrispondenza del relativo Controllore.

Per definire pagine diverse procediamo a copiare:

```
$ cd app/Resources/views/default
$ cp index.html.twig private.html.twig
$ cp index.html.twig public.html.twig
```

in questo modo abbiamo ora 3 diverse pagine: nelle 2 pagine "private" e "public" semplicemente sostituiamo la scritta "Homepage." con un'altra, ad esempio "PRIVATA!" e "PUBBLICA!" ma possiamo personalizzarla come crediamo. La pagina "index" invece diventa:

```
{% extends 'base.html.twig' %}

{% block body %}
<ul>
<li>
  <a href="{{ path('public') }}">
    Vai alla pagina pubblica
  </a>
</li>
<li>
  <a href="{{ path('private') }}">
    Vai alla pagina privata
```

```
   </a>
  </li>
 </ul>
{% endblock %}
```

L'idea è di avere 3 possibili **route**, individuati da 3 differenti nomi:

- homepage

- public

- private

nel template **index** utilizziamo la funzione **path()** per avere i link alle 2 pagine di nostro interesse.

4.1.2   Il controller

Avendo definito le due pagine, non ci resta che definire l'associazione tra il path richiesto dall'utente e il codice del controller:

```
/**
 * @Route("/public", name="public")
 */
public function publicAction()
{
    return $this->render('default/public.html.twig');
}
```

Figura 4.3: Homepage con due link

inserendo in `DefaultController.php` il precedente codice abbiamo completato la catena dalla richiesta dell'utente alla visualizzazione della pagina pubblica. Analogamente per la pagina privata.

La nuova homepage presenterà tre link, i due del body alla pagina pubblica e privata, più il link del template base alla homepage, come si vede in figura 4.3.

4.1.3 Gestione aree riservate

L'applicazione sviluppata fin'ora fornisce 3 pagine, collegate tra di loro con dei link; aggiungiamo ora una piccola cosa in più che mostra la flessibilità di Symfony, ovvero vogliamo che la nostra homepage sia accessibile a chiunque arrivi al sito, mentre le pagine interne devono essere protette e rese accessibili a 2 categorie di persone, utenti normali per quanto riguarda la

pagina public e utenti amministratori per private. Si riporta
il file di configurazione usato config/security.yml:

```
security:
  providers:
    in_memory:
      memory:
        users:
          user:
            password: userpass
            roles: 'ROLE_USER'
          admin:
            password: adminpass
            roles: 'ROLE_ADMIN'

  encoders:
    Symfony\Component\Security\Core\User\User: plaintext

  access_control:
    - { path: ^/private, roles: ROLE_ADMIN }
    - { path: ^/public, roles: ROLE_USER }

  firewalls:
    main:
      anonymous: ~
      http_basic: ~
```

Per realizzare quanto desiderato è sufficiente lavorare sul
file di configurazione presentato: realizzeremo una autenticazione molto semplice che ci consente di capire i meccanismi
di base; ovviamente si possono implementare molte opzioni in
più: nel capitolo relativo alle funzionalità avanzate vedremo ad

esempio come interfacciarsi ad LDAP (pagina 139). Abbiamo essenzialmente tre diverse parti su cui agire:

1. user provider, ovvero definire chi sono gli utenti e i loro diritti (sezione `providers` e `encoders`)

2. controllo accessi, ovvero quali sono le diverse sezioni del sito e chi vi può accedere (sezione `access_control`)

3. tipo di interfaccia di autenticazione (sezione `firewalls`)

Il framework Symfony distingue chiaramente tra **autenticazione**, il primo passo da effettuare ovvero l'identificazione dell'utente, di solito tramite username e password, ed **autorizzazione**, ovvero associare all'utente le sue specifiche autorizzazioni. In pratica i passaggi sono molto semplici:

 In breve:

- **Autenticazione: identificare l'utente**

- **Autorizzazione: abilitare l'utente ad accedere a determinate parti del sito tramite l'uso dei ruoli**

1. l'utente viene autenticato tramite login e password

2. all'utente in questione viene associato un ruolo (o più di uno)

3. per ogni parte del sito viene definito quali sono i ruoli autorizzati ad accedervi, e quindi solo gli utenti con tali ruoli saranno autorizzati all'accesso in quella particolare sezione.

dal punto di vista del framework i passaggi logici sono:

1. il framework riceve una richiesta di accesso ad una pagina

2. controlla quali sono i requisiti di accesso a tale pagina: se è pubblica, se richiede un particolare ruolo e quale

3. viene richiesta l'autenticazione dell'utente, di solito tramite una pagina dedicata dove inserire username e password

4. se l'utente ha un ruolo che lo abilita all'accesso, la richiesta viene esaudita, altrimenti viene mostrato un messaggio d'errore

Notiamo che tutti i passaggi sono eseguiti in automatico da Symfony una volta che la configurazione è stata fatta: vediamola quindi in dettaglio:

- sezione `firewalls`: questo è il cuore del meccanismo di gestione dove si dichiarano i metodi di autenticazione dell'utente: vediamo che è presente sia **anonymous** che

http_basic: in questo modo stiamo indicando che ci sono delle pagine a cui può accedere chiunque (si tratta
della homepage) e delle pagine per le quali viene richiesta
una autenticazione. L'autenticazione richiesta è quella di
base implementata da ogni browser (http_basic) costituita dalla classica finestrella che si apre e chiede login e
password.

- sezione access_control: (si veda anche pagina 141) definisce la lista delle varie parti del sito e relative autorizzazioni richieste: la lista contiene le nostre 2 pagine a cui
  è associato il ruolo necessario per accedervi

- sezione providers e encoders: queste due sezioni vengono utilizzate per fornire all'applicativo la lista degli
  utenti che possono accedere al sito, con relative password
  e categorizzazione degli stessi in funzione del loro ruolo.
  Premettiamo che la presente configurazione ha solo scopo
  dimostrativo: è molto improbabile che in una applicazione reale si scelga di tenere queste informazioni nel file di
  configurazione, ma questo è comodo per realizzare un sistema di autenticazione di prova. Si tratta essenzialmente di fornire una lista di utenti con username, password
  e ruolo (o ruoli) assegnati. Come si vede la password è
  in chiaro, il che può andar bene in fase di test, ma anche
  questa è una configurazione e la si può cambiare tramite
  la sezione encoders.

Nel caso volessimo comunque usare il file di configurazione per gestire utenti e password, si consiglia di utiliz-

zare l'algoritmo **bcrypt** per memorizzare le password, la
sezione encoder diventa:

```
encoders:
    Symfony\Component\Security\Core\User\User:
        algorithm: bcrypt
        cost: 12
```

e la password criptata si può ottenere dal seguente comando:

```
$ bin/console security:encode-password lapassword

Symfony Password Encoder Utility
================================

------------------  ----------------------------------------------------------------
Key                 Value
------------------  ----------------------------------------------------------------
Encoder used        Symfony\Component\Security\Core\Encoder\BCryptPasswordEncoder
Encoded password    $2y$12$PntgDMikgWKQ5rTQLZVxX.4HT7rdQTe5vPd46wwYWDgz1Uf.CUWg2
------------------  ----------------------------------------------------------------

! [NOTE] Bcrypt encoder used: the encoder generated its own built-in salt.

[OK] Password encoding succeeded
```

ed il valore da copiare nel file di configurazione nel campo
password è quello indicato in **Encoded password**:

```
user:
    password: $2y$12$PntgDMikgWKQ5rTQLZVxX.4HT7rdQTe5vPd46wwYWDgz1Uf.CUWg2
    roles: 'ROLE_USER'
```

4.1.4 Conclusione esempio multipagine

Abbiamo quindi visto:

- come create un template comune da riusare

- come creare diverse pagine

- come associarvi a ciascuna uno specifico URL e una specifica azione

Capitolo 5

Un esempio: Questime

5.1 Specifiche dell'applicazione

Commentiamo ora un progetto completo: **Questime**[1]. L'applicazione fornisce una interfaccia per creare dei questionari online con le seguenti caratteristiche:

- non viene richiesto all'utente alcun tipo di identificazione

- all'atto della creazione di un questionario, l'utente riceve un URL univoco per accedere alla gestione e visualizzazione dei risultati del questionario

- in fase di creazione del questionario, l'utente definisce le domande, in numero arbitrario

---

[1] Il codice sorgente è disponibile su GitHub all'indirizzo: `https://github.com/giammy/questime`

- le risposte sono fisse (Si/No/Non definito)
- l'utente può definire due tipi di questionari:

    - questionario aperto con un numero illimitato di votanti: chiunque abbia l'URL, che viene generato in fase di creazione, può votare; non vi è alcuna garanzia che qualcuno voti più volte.

    - questionario chiuso con numero fissato di votanti: all'atto della creazione della votazione, si indica il numero di votanti e il sistema produce un URL personalizzato per ogni votante. Tale URL, che dovrà essere comunicato a chi vota, consente di accedere e votare una sola volta.

5.1.1 Anonimità del voto

L'idea di partenza di questo esercizio è la realizzazione di un sistema di voto che garantisca l'anonimità per i votanti e l'unicità del voto, idea implementata nei questionari con numero fisso di votanti[2].

Chi crea il questionario deve ovviamente sapere quanti sono i votanti totali, e per ciascuno di essi viene creato un URL univoco. Questime si limita a generare e mostrare la lista di tali URL, mentre l'invio degli stessi ai votanti è a carico di chi crea il questionario (può essere uno script che invia un URL per ogni votante). Questo garantisce che Questime non entri

---

[2]Esistono vari sistemi di voto disponibili online tra cui `https://vote.heliosvoting.org`, `https://www.adoodle.org`, `https://www.surveymonkey.com`, ciascuno con le sue peculiarità.

mai in possesso dell'informazione relativa all'associazione tra email del votante e URL di voto. Non è così possibile in alcun modo risalire allo specifico voto. D'altro canto, avendo definito un URL per ciascun votante, viene verificato che da ciascun URL si voti solo una volta: se l'URL di voto è già stato usato, eventuali altri tentativi di voto sono bloccati.

5.2 Struttura applicazione

Per procedere nello sviluppo dell'applicazione dobbiamo definire:

- struttura del database (**modello**)

- struttura delle pagine web (**vista**)

- logica dell'applicazione (**controllo**)

Prima di procedere ripassiamo brevemente come preparare l'ambiente di lavoro: la descrizione dettagliata dei seguenti punti si trova nel capitolo "Primi passi con Symfony".

- Scaricare ed installare symfony se non lo si è già fatto

```
$ curl -LsS https://symfony.com/installer \
    -o /usr/local/bin/symfony
$ chmod a+x /usr/local/bin/symfony
```

- creare la struttura del progetto

```
$ symfony new sapp1 lts
```

- a questo punto abbiamo la struttura base, a cui possiamo accedere con il browser lanciando il comando

```
$ php bin/console server:start
```

e andando all'URL `http://localhost:8000`

Ora l'infrastruttura è installata e funzionante: possiamo procedere all'analisi della struttura dati necessaria e alla sua implementazione.

5.3 Modello - Struttura del database

Riportiamo prima di tutto le tabelle con i dati necessari e relativi tipi, dopodiché andremo a descriverne la logica: facciamo uso di 3 tabelle: Survey, Question, Person i cui campi sono i seguenti:

	Campo	Tipo
	id	int
	uidUser	string
	uidManager	string
	surveyName	string
	title	string
Survey	status	string
	voteReceipt	json_array
	hasVoted	json_array
	mergedReplies	json_array
	replies	json_array
	numberOfVoters	int
	persons	OneToMany
	questions	OneToMany

	Campo	Tipo
	id	int
Question	survey	ManyToOne
	title	string

	Campo	Tipo
	id	int
Person	survey	ManyToOne
	token	string

Notiamo che ogni tabella ha un campo `id`: si tratta di un identificativo univoco generato automaticamente dal sistema. Lo scopo dell'applicativo è realizzare dei questionari (Survey) online, quindi la struttura base sarà la tabella `Survey`, a cui sono associate più domande (`Question`) e più persone

(`Person`).

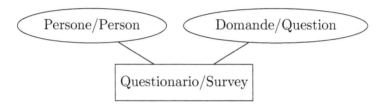

La struttura delle tabelle è la seguente:

question/domanda la tabella "domanda" contiene essenzialmente 2 informazioni, il testo della domanda (chiamato `title`), archiviato come stringa (`string`) e il riferimento al questionario (Survey) che è una relazione come spiegheremo nel paragrafo successivo.

person/persona rappresenta il votante, che viene collegato al questionario tramite una relazione ManyToOne e contiene un `token`, ovvero una stringa univoca associata alla persona.

survey/questionario questa tabella è il nucleo dell'applicativo, e collega le altre 2 tabelle (`persons` e `questions`) tramite relazioni OneToMany. Gli altri campi sono per la gestione:

   uidUser e uidManager sono due identificativi unici tramite i quali accedere alla gestione del questionario rispettivamente come utente o come creatore del questionario.

surveyName e title sono semplicemente un nome arbitrario e un titolo descrittivo

status indica lo stato del questionario (se è ancora aperto o se si è già concluso)

altri campi mantengono l'elenco delle risposte e, nel caso di votazioni anonime in cui deve essere garantita l'unicità del voto, l'elenco dei token che hanno già votato (`hasVoted`). Inoltre, ad ogni votante viene rilasciata una ricevuta (una stringa univoca) memorizzata nel campo `voteReceipt` con la quale il votante può dimostrare di aver votato. Non vi è un collegamento tra voto e ricevuta di voto.

In realtà potremmo complicare le tabelle mantenendo altre informazioni, ad esempio uno username nella tabella delle persone, oppure un sottotitolo nella tabella delle domande, ma una volta impostata la struttura si tratta solo di aggiungere le informazioni che si ritengono più utili. Si tenga presente che conviene comunque modificare/espandere la struttura in fase di progetto della base dati. Symfony comunque prevede degli strumenti che consentono di modificare la struttura dati anche per un progetto in produzione, mantenendo traccia delle modifiche ed occupandosi della migrazione dei dati.

5.3.1   OneToMany, ManyToOne

Le varie tabelle di un database sono collegate logicamente tra di loro da relazioni che di solito sono chiamate **OneToOne**, **OneToMany**, **ManyToOne**, in funzione del tipo di collegamento. Due casi comuni sono quelli presentati nel nostro esempio, ovvero **OneToMany** e **ManyToOne**.

Il significato di queste due relazioni si può capire facilmente dal seguente diagramma:

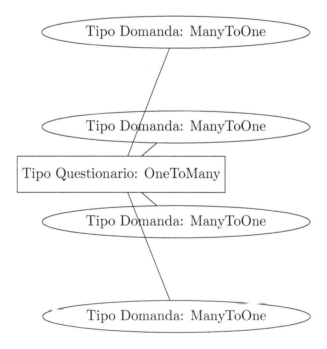

ovvero abbiamo una tabella (in Symfony chiamata Entity) che rappresenta il questionario (Survey): ciascun questionario può avere più domande, quindi il tipo di relazione è OneToMany (1 questionario con molte domande): in maniera reciproca la relazione dal punto di vista della domanda è ManyToOne dato che possiamo avere più domande associate al singolo questionario.

5.3.2   Interfaccia al database

Una volta definita la struttura logica dei dati, si tratta di procedere ad implementarla nel database usato da Symfony. Il framework ci offre un livello di astrazione per cui il codice non dipende dal database usato; questo viene configurato nel file `app/config/config.yml` dopodiché il framework usa le librerie corrette per accedere ai dati. In questo esempio useremo il database SQLite, un database implementato in una libreria che non ha bisogno di server ed utilizza come supporto di memorizzazione un singolo file.

Questo è ideale per lo sviluppo di test in quanto non richiede installazioni di server di database e la configurazione è molto semplice:

```
doctrine:
    dbal:
        driver: pdo_sqlite
        path: "%kernel.root_dir%/sqlite.db"
        charset: UTF8
```

Le informazioni rilevanti sono

- il `driver`, dove scegliamo `pdo_sqlite`, ovvero il database SQLite;

- il `path` dove viene indicato il file dove il database stesso verrà memorizzato: nel nostro caso segliamo di posizionare tale file, che verrà chiamato `sqlite.db` nella directory base della nostra applicazione.

La creazione di una tabella avviene come segue:

```
$ bin/console doctrine:generate:entity
...
First you need to give the entity name you want to generate.
You must use the shortcut notation like AppBundle:Post.

The Entity shortcut name: AppBundle:Person

Determine the format to use for the mapping information.
Configuration format (yml, xml, php, or annotation)
                                        [annotation]:

Instead of starting with a blank entity, you can add some
fields now. Note that the primary key will be added
automatically (named id).

Available types: array, simple_array, json_array, object,
boolean, integer, smallint, bigint, string, text, datetime,
datetimetz, date, time, decimal, float, binary, blob, guid.

New field name, press <return> to stop adding fields: token
Field type [string]:
Field length [255]:
Is nullable [false]:
```

```
Unique [false]:

New field name (press <return> to stop adding fields):

  Entity generation

Generating entity class
                    src/AppBundle/Entity/Person.php: OK!
Generating repository class
      src/AppBundle/Repository/PersonRepository.php: OK!
```

Questo genera una tabella nel database che si chiama **Person** e inserisce un campo chiamato **token** di tipo **string**, di lunghezza **255 caratteri**.

Notiamo che si può per ciascun campo dichiarare se esso può essere nullo o se possono essere inseriti solo campi non nulli. Questo dipende da come abbiamo progettato la nostra base dati. Analogamente il fatto che il campo possa o meno essere duplicato dipende dal fatto che noi lo vogliamo usare come chiave di ricerca unica o meno. Ad esempio, per un campo nome non ha senso che sia obbligatoriamente unico, mentre se definisco un campo **username** probabilmente voglio che sia unico.

Con questo metodo possiamo creare le 3 tabelle richieste dall'esempio e tutti i relativi campi, con l'eccezione di OneToMany e ManyToOne la cui gestione vedremo fra breve.

Al momento abbiamo dichiarato la struttura dei dati e il comando usato, **bin/console doctrine:generate:entity** provvede a generare il codice Php per la gestione di tali dati. In particolare, una volta generate le 3 tabelle troveremo nella cartella `questime/src/ AppBundle/Entity` 3 file Php chiamati `Person.php`, `Question.php`, `Survey.php`, dove ci sono i campi da noi definiti, ad esempio

```
/**
 * @var string
 *
 * @ORM\Column(name="token",
 *             type="string",
 *             length=255)
 */
private $token;
```

dove le informazioni sono esplicate in maniera assai chiara nel commento che precede la definizione della variabile che contiene il campo. Quando, durante la generazione della tabella abbiamo selezionato **annotation** come `Configuration format` stavamo appunto dicendo che vogliamo le informazioni sul tipo dei campi descritte in questo modo all'interno dei commenti nel codice Php.

Se diamo uno sguardo al resto del file noteremo che per ogni campo che abbiamo definito con la procedura descritta, tramite il comando **bin/console doctrine:generate:entity** viene generato anche il codice Php per le funzioni **getToken()** e **setToken()**, che devono essere usate nel codice per impostare o leggere i valori dal database.

5.3.3   Il tipo dei campi

Per ciascun campo va definito il relativo tipo di dato, da un insieme di tipi predefiniti, alcuni abbastanza chiari, altri che a prima vista sembrano molto simili:

array, simple_array, json_array questi 3 tipi sono utilizzati per rappresentare vettori di elementi: la differenza sta nella rappresentazione interna: il primo, `array` viene convertito in una stringa con la funzione `serialize` di Php. `simple_array`, usa la funzione Php `implode`, infine il tipo `json_array` converte l'array nel formato JSON. Questo è un formato standard e facilmente leggibile nel caso si estragga il campo dal database.

object memorizza un oggetto Php usando la funzione `serialize` da usarsi nel caso serva mantenere copia esatta dell'oggetto.

boolean un valore logico, vero o falso

integer, smallint, bigint gli interi possono essere di dimensioni diverse in funzione del database: per MySQL ad esempio l'intero è memorizzato con 4 byte, ovvero copre l'intervallo di valori -2147483648,2147483647: tipicamente si può usare l'`integer` se non ci sono particolari esigenze.

string, text sia `string` che `text` sono memorizzati su Php come stringhe: l'idea è di usare `string` per delle strighe, come nomi, username, nomi fi file, mentre `text` per lunghi testi, come commenti o altro.

datetime memorizza data e ora

datetimetz memorizza data e ora con la zona oraria (timezone, o tz)

date memorizza la data (senza l'ora)

time memorizza l'ora

decimal, float questi due tipi memorizzano numeri floating point: la differenza è nel formato interno: il `float` utilizza la memorizzazione in base 2, mentre il `decimal` usa la memorizzazione in base 10. Se lo scopo è memorizzare dei prezzi, conviene usare la memorizzazione `decimal` in quanto non vi sono errori di approssimazione dovuti al cambio da base 10 a base 2 e viceversa.

binary, blob sia `binary` che `blob` memorizzano sequenze binarie di dati, può cambiare la memorizzazione effettiva nel database sottostante, mentre dal punto di vista di Php sono implementate entrambe come `resource`.

guid questo è pensato per memorizzare un identificativo univoco: a volte questo tipo è presente nativamente nei database, altre è semplicemente una stringa.

5.3.4   Relazioni OneToMany/ManyToOne

Per quel che riguarda la definizione della struttura dati, resta ora da inserire le relazioni tra Survey e Person (quella tra Survey e Question è analoga).

La configurazione viene fatta manualmente, ma in maniera abbastanza semplice e chiara; nel file `Survey.php` si inserisce il seguente campo:

```
/**
  * @ORM\OneToMany(targetEntity="Person",
  *                mappedBy="survey")
  */
 private $persons;
```

dove dichiariamo che l'Entity Survey è collegata tramite una relazione OneToMany (direttiva @ORM OneToMany) all'Entity Person (parola chiave `targetEntity`) con il campo chiamato survey (parola chiave `mappedBy`). Mentre nel file `Person.php` si inserisce il corrispondente:

```
/**
  * @ORM\ManyToOne(targetEntity="Survey",
  *                inversedBy="persons")
  * @ORM\JoinColumn(name="survey_id",
  *                 referencedColumnName="id")
  */
 private $survey;
```

dove si dichiara che Person è collegata a Survey, tramite il campo persons (parola chiave `inversedBy`), e viene usato l'`id` della tabella Survey per l'associazione.

5.3.5   Generazione del database

A questo punto, l'effettiva generazione delle tabelle nel database viene fatta da altri 2 comandi:

```
$ bin/console doctrine:database:create
Created database /var/www/html/sapp/app/sqlite.db
```

Questo crea il database (nel caso di SQLite crea semplicemente un file) vuoto; il passo successivo consiste nel creare le tabelle nel database, come definite in precedenza.

```
$ bin/console doctrine:schema:update --force
Updating database schema...
```

Questo comando genera la corretta sequenza di istruzioni per creare nel database le tabelle necessarie; ovvero, il primo comando, `bin/console doctrine:generate:entity` genera la definizione della struttura dei dati, mentre il secondo comando `bin/console doctrine:schema:update --force` utilizza tale definizione per creare le effettive tabelle nel database.

Questo comando tiene conto del tipo di database che si sta usando e utilizza i comandi specifici in maniera del tutto trasparente all'utente.

I comando `bin/console doctrine:schema:update --force` è in realtà molto potente perché esegue sempre una verifica tra la struttura dei dati richiesta e quella effettivamente implementata nel database, ovvero, se il database è vuoto viene creata la nuova struttura, mentre se il database è già parzialmente inizializzato, il comando dà le istruzioni necessarie per aggiornare la configurazione del database, senza perdere eventuali dati già memorizzati.

Tutto il lavoro è trasparente all'utente e si traduce nel fatto che il comando può essere lanciato in ogni momento anche più volte senza fare danni e dà un output del tipo:

```
$ bin/console doctrine:schema:update --force
Nothing to update - your database is already in sync
with the current entity metadata.
```

Il comando

```
bin/console doctrine:schema:update --dump-sql
```

mostra quali sono le istruzioni SQL generate: l'informazione non è necessaria, ma può essere utile per capire qual'è la struttura del database.

Ovviamente le tabelle del database possono essere eliminate e ricreate (questa operazione fa perdere i dati, quindi non deve essere eseguita in produzione):

```
$ bin/console doctrine:schema:drop --full-database \
                                   --dump-sql
DROP TABLE survey;
DROP TABLE question;
DROP TABLE person;
```

Questo in realtà mostra solo le istruzioni che verranno eseguite, ma non fa nulla: il comando che effettivamente elimina le tabelle e i relativi dati è il seguente: `bin/console doctrine:schema:drop --full-database --force`. Dopodichè `bin/console doctrine:schema:update --force` ricrea le tabelle in questione.

A questo punto abbiamo dunque configurato l'uso del database, definito l'organizzazione logica dei dati, creato le tabelle nel database e generato il codice di interfaccia a tali strutture, ovvero abbiamo preparato la parte **Modello** del paradigma **MVC**, e senza scrivere codice, ma solo utilizzando strumenti di Symfony.

5.4 Vista e Controllore

Vediamo ora la parte **Vista** e **Controllore**, ovvero le pagine web utilizzate per visualizzare i dati ed la logica di programmazione; come vedremo la logica interagisce con la rappresentazione per avere gli input e mostrare gli output, quindi le due parti vengono mostrate assieme. I file relativi alla Vista sono presenti nelle cartella `web` e `app/Resources/views`: la prima viene usata per file statici, come immagini, CSS, eventuali librerie Javascript, il file `favicon.ico`. Nel nostro caso non abbiamo particolari personalizzazioni se non il file `favicon.ico` e la libreria JQuery che vengono utilizzati nei templati come segue:

```
<link rel="icon" type="image/x-icon"
    href="{{ asset('favicon.ico') }}" />
<script type="text/javascript"
    src="{{ asset('js/jquery-3.1.0.min.js') }}">
</script>
```

come si vede dall'esempio, tutti i file presenti in web sono accessibili dai template Twig tramite `asset('favicon.ico')`: i file vanno indicati con un path relativo alla directory `web`, e JQuery si carica con `asset('js/jquery-3.1.0.min.js')`, in quanto si trova nella directory `web/js`. La cartella `web` di solito non viene modificata molto, mentre la parte dinamica contenente i template Twig, descritti a pagina 47, si trova in `app/Resources/views`.

I nomi file e le directory qui presenti sono del tutto arbitrari; noi abbiamo mantenuto i nomi utilizzati dal demo di

Symfony, in modo tale da poter partire con il progetto standard e applicarvi le modifiche necessarie; abbiamo quindi un template `base.html.twig` come descritto a pagina 85, e nella cartella `default` tutti gli altri template. Per quel che riguarda il template `base.html.twig` abbiamo inserito del codice Javascript, un header e un footer da visualizzarsi in tutte le pagine del sito in modo che abbiano un aspetto uniforme.

Segnaliamo in questo file una caratteristica utile, ovvero la possibilità di mostrare dei messaggi che poi sono cancellati al primo ricaricamento della pagina. I messaggi vengono impostati dal Controllore tramite il seguente codice:

```
$this->get('session')->getFlashBag()
  ->add('notice', 'Notifica da mostrare');
```

mentre la visualizzazione nel template viene fatta con il seguente codice (si noti che esiste anche un identificativo `'error'` in modo che sia possibile differenziare, anche graficamente nella pagina web, il tipo di messaggio a seconda che sia un errore o una semplice notifica).

```
{% for flash_message in
       app.session.flashBag.get('notice') %}
  <hr>
    <center>
      <div class=''flash-notice''>
        {{ flash_message }}
      </div>
    </center>
  </hr>
{% endfor %}
```

Ogni pagina del nostro applicativo visualizzerà eventuali avvisi, poiché `base.html.twig` (in cui il precedente codice è inserito) è incluso in tutti i template. Questi si trovano nella cartella `default` e sono abbastanza compatti; alcuni sono semplici visualizzazioni di pagine quasi statiche che semplicemente richiamano il template `body.html.twig` e inseriscono un contenuto specifico nel `block body` come descritto a pagina 85:

error.html.twig visualizza una variabile `error`, con un messaggio d'errore

faq.html.twig mostra un testo con le domande più frequenti sull'applicativo

smallprint.html.twig mostra un altro testo fisso

votedone.html.twig mostra il messaggio di voto completato e token associato al voto

Abbiamo poi una pagina d'accesso generale `index` e una specifica per la gestione `manager`:

index.html.twig pagina iniziale generale con il link alla creazione di un nuovo questionario

manage.html.twig pagina iniziale per la gestione con link alla creazione di un nuovo questionario e l'elenco dei questionari presenti

infine le pagine per gestire i questionari, in particolare per la creazione e la votazione:

newsurvey.html.twig

vote.html.twig

questi due template utilizzano dei **form html** per inserire i dati necessari: vedremo nel paragrafo relativo a pagina 120 come utilizzare i form. Notiamo che il template `newsurvey` utilizza un form con la possibilità di aggiungere campi in maniera dinamica: questa funzionalità è implementata utilizzando Javascript e non è specifica di Symfony o di Twig. Si trovano in rete delle guide per realizzare questo particolare tipo di funzionalità. Infine gli ultimi template visualizzano tabelle presenti nel database, come vedremo in dettaglio nel paragrafo successivo:

displaySome.html.twig

managesurveyshow.html.twig

5.4.1 Output - visualizzazione dati

La predisposizione di pagine per la visualizzazione di dati è un punto essenziale del framework Symfony e di Twig dato che rappresenta l'interfaccia verso l'utente dell'applicazione. Questo richiede l'interazione di

- controllori

- viste

Il controllore è la logica che riceve la richiesta dal client e la elabora, recupera da un database i dati da visualizzare e li passa al template Twig; un esempio di codice che recupera i dati della tabella **Survey** è il seguente (in **DefaultController.php**):

```
/**
 * @Route("/manage/show", name="showall")
 */
public function showallAction() {
  $repository = $this->getDoctrine()
                ->getRepository('AppBundle:Survey');
  $surveys = $repository->findAll();
  return $this->render('default/displaySome.html.twig',
                    array('surveys' => $surveys));
}
```

dove, come abbiamo visto nei capitoli precedenti, definiamo una route, ovvero l'URL **/manage/show**, ed il codice corrispondente che recupera i dati dal database e li mostra usando il template chiamato **displaySome.html.twig**

```
{% extends 'base.html.twig' %}
{% block body %}
  <ul>
    {% for survey in surveys %}
      <li> {{ survey.title }} </li>
      ...
      <li>
        <ul>
          {% for question in survey.questions %}
            <li> {{ question.title }} </li>
          {% endfor %}
```

```
    </ul>
   </li>
 {% endfor %}
</ul>
{% endblock %}
```

Questo è l'approccio base per la visualizzazione dei dati. Nello specifico caso della visualizzazione di Survey, possiamo vedere altre interessanti tecniche: notiamo che abbiamo 2 cicli for nidificati, in quanto la tabella `Survey` ha un campo `questions` che come avevamo visto è una relazione OneToMany verso le domande associate al questionario; nel template questo si traduce nel fatto che la lista delle domande è accessibile molto facilmente come vettore (con la sintassi vista a pagina 55); la stessa cosa vale anche per il campo `persons` nel caso fossimo interessati a visualizzarlo.

Anche il template `managesurveyshow.html.twig` visualizza i dati del questionario con gli stessi principi, ma cambiando layout e mostrando altri dati, quindi in generale per mostrare dei dati/tabelle:

- si accede al database da un controller recuperando i dati richiesti

- i dati saranno organizzati in un vettore, anche strutturato, ovvero ciascun elemento del vettore può contenere più campi diversi, anche altri vettori

- la visualizzazione fa uso di un template, il quale, provvederà alla visualizzazione dei dati in tabelle. Si noti che in questa fase si può fare uso anche di librerie Javascript per migliorare l'effetto grafico.

5.4.2   Input - form in twig

L'interfaccia tra utente e applicazione è rappresentata dalla pagina web, ed il FORM è la struttura che l'HTML fornisce per l'inserimento dei dati; il framework Symfony fornisce un metodo integrato per la gestione dei FORM. Vediamo un semplice esempio di form in modo da capire gli elementi fondamentali:

```
public function newAction(Request $request, $id) {
  // caricamento dal database
  $repository = $this->getDoctrine()
    ->getRepository('AppBundle:Question');
  $question = $repository->find($id);

  $form = $this->createFormBuilder($question)
    ->add('title', TextType::class)
    ->getForm();

  $form->handleRequest($request);

  if ($form->isSubmitted() && $form->isValid()) {
    $task = $form->getData();

    $em = $this->getDoctrine()->getManager();
    $em->persist($task);
    $em->flush();

    return $this->redirectToRoute('homepage');
  }
}
```

```
return $this->render('default/esempio.html.twig',
            array('form' => $form->createView()));
}
```

e relativo template Twig che viene chiamato dal controller. Ricordiamo che la struttura delle directory è arbitraria; basta che il path inserito nel controller sia coerente con la posizione del template.

```
{# default/esempio.html.twig #}
{{ form_start(form) }}
{{ form_widget(form) }}
{{ form_end(form) }}
```

abbiamo un codice molto semplice, e utile per partire a fare le nostre personalizzazioni una volta capita la logica. Per quanto riguarda il template, utilizziamo il rendering di default di Twig: eventualmente in seguito vedremo come personalizzarlo. Così com'è scritto produce l'HTML con un campo testo di input ed un bottone SALVA per inviare il testo inserito.

Vediamo il codice di gestione del controllore: la chiamata fondamentale è `createFormBuilder` con i relativi campi che vengono aggiunti, e la chiamata `handleRequest`. La prima volta che il codice viene eseguito il form non è stato compilato e si passa a mostrare il template `esempio.html.twig`; dopo che l'utente lo ha compilato e premuto il tasto SALVA, la condizione dell'`if` risulta verificata e viene eseguito il codice di gestione dei dati inseriti; Symfony ha già inserito i dati del form in `$task`, e non ci resta che salvarlo nel database. Vediamo ora un caso reale, nel file `vote.html.twig`:

```
{% extends 'base.html.twig' %}
{% block body %}

<center><h2>{{ survey.title }}</h2></center>

{{ form_start(form) }}
  <h3>
    Select Yes/No (or leave undefined)
    for each question:
  </h3>

  {% for question in form.questions %}
    <div style="display:inline-block;">
      {{ form_errors(question.title) }} </div>
    <div style="display:inline-block;">
      {{ form_widget(question.title) }} </div>
    <div style="display:inline-block;">
      {{ form_errors(question.select) }} </div>
    <div style="display:inline-block; width:200px;">
      {{ form_widget(question.select) }} </div>
    <br>
  {% endfor %}

  <button type="submit">SAVE</button>
{{ form_end(form) }}

{% endblock %}
```

e relativo controllore:

```
/**
 * @Route("/q/{uiduser}/{token}", name="vote",
 *        defaults={"uiduser": "", "token": ""},)
```

```php
*/
public function voteAction(Request $request,
                           $uiduser,
                           $token) {
  $repo = $this->getDoctrine()
               ->getRepository('AppBundle:Survey');
  $em = $this->getDoctrine()->getManager();
  $s = $repo->findOneByUiduser($uiduser);

  $form = $this->createForm(SurveyType::class, $s);
  $form->handleRequest($request);

  if ($form->isValid()) {
    $rawListOfAnswers = $request->request
                        ->all()['survey']['questions'];
    $listOfAnswers = array();
    for ($i=0; $i<count($rawListOfAnswers); $i++) {
      $listOfAnswers[$i] = $rawListOfAnswers[$i]['select'];
    }

    // save replies
    $rpl = $s->getReplies();
    array_push($rpl, $listOfAnswers);
    $s->setReplies($rpl);

    // salva altri parametri

    $em->persist($s);
    $em->flush();

    // redirect back to completion page
    return $this->redirectToRoute('votedone',
                      array('token' => $myReceipt));
```

```
}

return $this->render('default/vote.html.twig',
  array(
    'form' => $form->createView(),
    'survey' => $s,
  ));
}
```

Nel caso reale il template è un po' più complicato, essenzialmente perché la pagina è personalizzata; essa estende il template base in modo da avere la struttura delle pagine definita per il nostro applicativo, inserisce alcuni commenti ed esegue un ciclo per visualizzare tutte le domande. Notiamo che abbiamo sostituito l'onnicomprensivo form_widget(form) che si occupa di gestire l'intero form, con delle specifiche chiamate del tipo form_widget(question.title); questo consente di gestire separatamente ogni campo della struttura question al fine di personalizzare il layout; ciascun campo si trova infatti in un div indipendente, a cui possiamo applicare eventuali stili diversi. Inoltre separiamo form_widget, il campo vero e proprio, da form_error, in cui viene mostrato solo l'eventuale errore nell'inserimento del campo, magari evidenziandolo graficamente.

Anche il controllore è un po' più complicato, ma la logica è sempre la stessa: viene recuperato dal database il questionario (Survey) a cui rispondete, viene creato il form, e quando l'utente risponde, vengono prese le risposte dal form e memorizzare nel database.

```
$rawListOfAnswers = $request->request
                        ->all()['survey']['questions'];
  $listOfAnswers = array();
  for ($i=0; $i<count($rawListOfAnswers); $i++) {
    $listOfAnswers[$i] = $rawListOfAnswers[$i]['select'];
  }
```

Rimane solo un passaggio da chiarire, ovvero la creazione del form, che è stata fatta semplicemente nella riga

```
$form = $this->createForm(SurveyType::class, $s);
```

in cui chiediamo di creare un form per SurveyType::class; si tratta di una classe definita in src/AppBundle/Form/Type/ nei file QuestionType.php e SurveyType.php:

```
// QuestionType.php
class QuestionType extends AbstractType
{
  public function buildForm(FormBuilderInterface $builder,
                          array $options) {
    $builder->add('title');

    $builder->add('select', ChoiceType::class,
      array(
        'expanded' => true,
        'multiple' => false, // to have radiobutton
        'mapped' => false,
        'choices'  => array(
          'null' => null,
          'Yes' => true,
          'No' => false,
```

```
      ),
    'data' => 'null',
    'choice_label' => function ($value, $key, $index) {
      if     ($value == 'Yes') { return 'Yes'; }
      elseif ($value == 'No')  { return 'No'; }
      else                     { return 'Undefined'; }
    },
  ));
}

public function configureOptions(
                        OptionsResolver $resolver) {
  $resolver->setDefaults(array(
    'data_class' => 'AppBundle\Entity\Question',
  ));
}
}


// SurveyType.php
class SurveyType extends AbstractType
{
  public function buildForm(FormBuilderInterface $builder,
                        array $options) {
    $builder->add('title');
    $builder->add('numberofvoters');
    $builder->add('questions', CollectionType::class,
      array('entry_type' => QuestionType::class,
            'allow_add'  => true,
            'by_reference' => false,
            'label' => false,
      ));
  }
```

```
public function configureOptions(
            OptionsResolver $resolver) {
  $resolver->setDefaults(array(
    'data_class' => 'AppBundle\Entity\Survey',
  ));
}
}
```

Queste classi definiscono i campi che dovranno essere presenti nel form, ad esempio, una domanda avrà un campo titolo, che verrà solamente visualizzato, e un campo **select** che rappresenta un radio button (ovvero, verrà data all'utente la possibilità di scegliere tra le 3 opzioni indicate in **choices**. Nella classe **Survey**, semplicemente indicheremo che vogliamo un campo **questions**, che fa riferimento alla classe appena definita, e in questo modo si ha un elenco di comende a cui si può rispondere si o no.

5.5 Conclusione

Abbiamo creato una applicazione esaminando alcuni punti:

- configurazione, in particolare per i parametri del database, pagina 105

- creazione della struttura dati per il database, pagina 108

- interfaccia web, pagina 114

- visualizzazione di dati, pagina 117

- definizione di un form, pagina 122

questa non è una descrizione esaustiva del codice, ma gli elementi base che servono in una applicazione. Partendo da queste informazioni vi possono introdurre delle variazioni, lavorare su modifiche dello stile di visualizzazione nei template, aggiungere della logica di elaborazione nei controllori, il tutto in funzione delle nostre esigenze.

Capitolo 6

Funzionalità avanzate

6.1   Parametri di configurazione

Può capitare di avere dei paramentri di configurazione per il nostro applicativo. In questo caso il file idoneo alla loro memorizzazione è `app/config/parameters.yml`, con la seguente sintassi:

```
parameters:
    nomeArray: ['stringa1', 'stringa2', 'stringa3']
    nomeVar: 'stringa'
```

e nel controllore si può accedere a tali parametri con:

```
$var1 = $this->container->getParameter('nomeArray');
$var2 = $this->container->getParameter('nomeVar');
```

la variabile memorizza il valore impostato nel file dei parametri, in particolare $var1 è un array di stringhe, mentre $var2 è una stringa.

6.2   Definizione di un servizio

Il framework Symfony offre la possibilità di implementare delle funzionalità, detti servizi o services, che si ritengono generali ed utili in tutto l'applicativo, e probabilmente anche in altri applicativi.

Codice di questo tipo deve ovviamente essere molto generale per essere riusabile in contesti diversi, e l'implementazione è essenzialmente quella di una classe in Php, con qualche convenzione in più per gestire in maniera ordinata il nostro codice.

Vediamo un esempio che fornisce un servizio per caricare un file CSV (Comma Separated Values, Valori separati da Virgola). Gli elementi essenziali sono solamente 2:

- definizione e pubblicazione del servizio

- implementazione del codice

Il file app/config/services.yml contiene la definizione del servizio, così abbiamo in ogni momento una lista completa di tutti i servizi che stiamo usando nel nostro processo; la sintassi è la seguente:

```
services:
    import.csvtoarray:
```

```
class: AppBundle\Services\ConvertCsvToArray
arguments: ['%directory%']
```

dove la parola **services** introduce la sezione relativa ai servizi, il termine **import.csvtoarray** è il nome che associamo al servizio e che verrà usato per richiamarlo all'interno della nostra applicazione, **class** definisce il nome della classe Php in cui tale servizio è implementato e infine **arguments** introduce una eventuale lista di parametri da passare al servizio. Nel nostro caso passiamo il nome della directory che contiene i file CSV. La sintassi **%directory%** indica che si utilizza il parametro definito nel file **app/config/parameters.yml** ove sarà presente una riga del tipo:

```
parameters:
    ...
    directory: nome/directory
    ...
```

Il file **src/AppBundle/Services/ConvertCsvToArray.php** contiene l'implementazione che nel nostro caso è costituita da una singola funzione **convert**:

```
<?php
namespace AppBundle\Services;

class ConvertCsvToArray {

  public function __construct($directory) {
    $this->directory = $directory;
  }
```

```
public function convert($csvFilename, $delim = ',') {
  $filename = $this->directory . $csvFilename
  if (!file_exists($filename) ||
      !is_readable($filename)) {
    return FALSE;
  }
  $header = NULL;
  $data = array();
  if (($handle = fopen($filename, 'r')) !== FALSE) {
    while (($row = fgetcsv($handle, 1000, $delim))
                                       !== FALSE) {
      if(!$header) {
        $header = $row;
      } else {
        $data[] = array_combine($header, $row);
      }
    }
    fclose($handle);
  }
  return $data;
}
}
```

Notiamo che il parametro di configurazione passato al servizio viene registrato in fase di inizializzazione (in __construct) in una variabile locale e poi utilizzato normalmente nel codice. Tale servizio si usa chiamandolo nel modo seguente:

```
$conv = $this->getContainer()->get('import.csvtoarray');
$data = $conv->convert($fileName, ';');
```

dove si usa l'identificativo che avevamo definito nel file di configurazione e si ottiene una classe come implementata nel codice, nel nostro caso una classe di cui possiamo usare la funzione `convert`.

6.3 Definizione di una estensione Twig

La documentazione ufficiale si trova presso [10]. Twig è il sistema di definizione dei modelli (template) per le pagine HTML usate nell'applicazione web. Twig ha una serie di direttive e funzioni utili da usare della generazione dinamica delle pagine, ma offre anche la possibilià di definirne di nuove, tagliate su misura per la nostra applicazione. Dal punto di vista di Symfony una **estensione di Twig** è un **servizio**, ovvero viene configurato come segue:

- definizione del servizio nel file `services.yml`

```
app.twig_extension:
    class: AppBundle\Services\AppExtension
    public: false
    tags:
        - { name: twig.extension }
    arguments: ["@service_container"]
```

dove la `class` indica la classe all'interno della quale è definito il codice relativo, mentre il parametro `arguments` serve a passare degli argomenti al servizio: essi saranno intercettati dal `__contruct` della classe.

- definizione del codice nel file `Services/AppExtension.php`

```php
<?php
```

```php
// src/AppBundle/Services/AppExtension.php
namespace AppBundle\Services;

class AppExtension extends \Twig_Extension
{
  protected $container;

  public function __construct($container) {
    $this->container = $container;
  }

  public function getUser() {
    return $this->container
              ->get('security.token_storage')
              ->getToken()->getUser();
  }

  public function getUsername() {
    $u = $this->getUser();
    if (is_string($u)) {
      return $u;
    } else {
      return $u->getUsername();
    }
  }

  public function getFilters() {
    return array(
        new \Twig_SimpleFilter('price',
            array($this, 'priceFilter')),
    );
  }
```

```
public function priceFilter($number,
                $decimals = 0,
                $decPoint = '.',
                $thousandsSep = ',') {
    $price = number_format($number, $decimals,
                $decPoint, $thousandsSep);
    $price = '$'.$price;
    return $price;
}

public function getName() {
    return 'twig_extensions';
}
}
```

dove i punti interessanti sono nella funzione **getFilters** che ritorna un array dove si definisce il nome del filtro che verrà usato per invocarlo da Twig, associato alla relativa funzione che implementa il codice da eseguire.

Il passaggio dei parametri eventualmente passati al servizio va gestito in **__construct** memorizzandolo in locale; nel nostro caso usiamo il contesto per recuperare le informazioni dell'utente collegato, nelle due funzioni **getUser()** e **getUsername()**.

Utilizzando il contesto che è stato passato al servizio si può accedere anche a parametri di configurazione nello stesso modo in cui sono usati nei Controllori, ad esempio, avendo in **parameters.yml** una definizione del tipo:

```
parameters:
```

```
colori: ['rosso', 'verde']
```

vi si può accedere dal servizio con il seguente codice:

```
$colori = $this->container->getParameter('colori');
```

Lo stesso meccanismo viene utilizzato anche per definire le funzioni richiamabili da Twig: in questo caso il codice è il seguente:

```
public function getFunctions()
{
    return array(
        new \Twig_SimpleFunction('isTheFlag',
            array($this, 'isTheFlag')),
    );
}

public function isTheFlag() {
    // codice vario che ritorna un boolean
    // ...
    return false;
}
```

all'interno del template Twig, verrà usato come segue:

```
{% if isTheFlag() %} VERO: {{ '42'|price }}
{% else %} FALSO {{ '0'|price }}
{% endif %}
```

6.4   Comandi da console

I comandi da console li abbiamo usati fin dall'inizio, ad esempio per far partire il server web (console server:run), ma finora si trattava sempre di comandi predefiniti. In realtà potrebbe essere comodo avere dei comandi specifici al nostro applicativo che possano essere eseguiti da linea di comando, ad esempio per operazioni di manutenzione, o da eseguire in automatico ad intervalli regolari.

Symfony offre questa opzione come un servizio: vediamo ad esempio come creare un comando console import:data che introduce una sezione import tra i comandi standard, e il sottocomando data. In realtà il nome è arbitrario, non deve necessariamente contenere i ':', ma nel caso introduciamo molti comandi, può comunque essere utile. Prima di tutto bisogna definire il servizio come abbiamo già visto, nel file services.yml

```
services:
    ImportDataCommandService:
        class: AppBundle\Command\ImportCommand
        calls:
            - [setContainer, ["@service_container"] ]
```

e in src/AppBundle/Command/ImportCommand.php definire il codice corrispondente

```
<?php

namespace AppBundle\Command;
```

```php
use Symfony\Bundle\FrameworkBundle\Command\
                              ContainerAwareCommand;
use Symfony\Component\Console\Command\Command;
use Symfony\Component\Console\Input\InputInterface;
use Symfony\Component\Console\Output\OutputInterface;

class ImportCommand extends ContainerAwareCommand
{
  protected function configure() {
    // Name and description for bin/console command
    $this
      ->setName('import:data')
      ->setDescription('Import data from file');
  }

  protected function execute(InputInterface $input,
                            OutputInterface $output) {
    $this->import($input, $output);
  }

  protected function import(InputInterface $input,
                            OutputInterface $output) {

    $data = $this->get($input, $output);

    // Processing on each row of data
    foreach($data as $row) {
      ... read the data, probably store in database
    }
  }

  protected function get(InputInterface $input,
                            OutputInterface $output) {
```

```
$data = ... read data from somewhere,
        ... format correctly, and return it
    return $data;
  }
}
```

ci sono alcune convenzioni nel codice, prima di tutto la funzione **configure** viene usata per definire il nome del comando; questo si usa per eseguire il servizio con `console`. Si può inserire una descrizione che verrà mostrata da `console help`; in questo modo per vedere se un comando è stato correttamente installato è sufficiente vedere se compare tra la lista dei comandi ufficiali. Il secondo elemento necessario è la funzione `execute` che viene chiamata da `console` e che contiene il cosice specifico che intendiamo eseguire. A questo punto sta a noi inserire in execute le istruzioni utili oppure organizzare il codice come meglio crediamo con altre funzioni.

6.5 Autenticazione con LDAP

Gran parte delle applicazioni web hanno bisogno di in sistema di controllo delle credenziali per consentire o meno l'accesso alle pagine (o ad alcune di esse) del sito.

Symfony fornisce vari metodi di autenticazione, e fra quelli disponibili esaminiamo ora l'autenticazione tramite LDAP; LDAP è un acronimo che significa "Lightweight Directory Access Protocol" ed è usato in molti contesti per gestire in maniera centralizzata le credenziali degli utenti e autenticarli nelle applicazioni aziendali: data la sua diffusione, Symfony offre (dalla versione 2.8) una componente LDAP per integrarsi direttamente con un server LDAP senza usare estensioni di terze parti.

L'utilizzo pratico del sistema di autenticazione LDAP avviene sostanzialmente tramite alcune configurazioni, senza modifiche al codice; come prima cosa, definiamo i parametri utili per l'accesso ad LDAP nel file **parameters.yml**:

```
parameters:
    ldapServer: ldapserver
    ldapServerPort: 389
    ldapSearchUser: cn=searchuser,cn=Users,dc=local
    ldapSearchPassword: searchpassword
    ldapSearchBaseDn: cn=Users,dc=local
```

Questi parametri dipendono da chi ha installato e configurato il servizio LDAP; dopodiché si definisce un servizio **ldap** che si occuperà di inoltrare le richieste al server LDAP (nel file **services.yml**):

```
services:
    ldap:
        class: 'Symfony\Component\Ldap\LdapClient'
        arguments:
            - %ldapServer%      # host
            - %ldapServerPort%  # port
            - 2                 # version
            - false             # SSL
            - false             # TLS
```

anche per quanto riguarda questi parametri dipendono dalla configurazione del server LDAP: si tratta di verificarli con chi gestisce tale servizio. Infine il file `security.yml` configura l'effettivo comportamento per le procedure di login:

```
security:
    providers:
        my_ldap:
            ldap:
                service: ldap
                base_dn: cn=Users,dc=local
                search_dn: %ldapSearchUser%
                search_password: %ldapSearchPassword%
                default_roles: ROLE_USER
                uid_key: cn

    access_control:
        - { path: ^/login, roles: IS_AUTHENTICATED_ANONYMOUSLY }
        - { path: ^/, roles: ROLE_USER }

    firewalls:
        main:
            anonymous: ~

            form_login_ldap:
                login_path: login
                check_path: login
                service: ldap
                dn_string: 'cn={username},cn=Users,dc=local'
            logout: true
```

distinguiamo 3 sezioni:

providers questa sezione fornisce l'autenticazione dell'utente definendo come accedere al servizio `ldap` e assegnando a ciascun utente autenticato il ruolo di default `ROLE_USER`

access_control in questa sezione si possono definire i diversi criteri per accedere alle varie parti del sito (si veda
anche pagina 141); si tratta di una serie di regole in sequenza, lette a partire dalla prima fino a quando non
si trova una corrispondenza: nell'esempio abbiamo definito solo due regole, la prima indica che chiunque può
accedere alla pagina `login`, mentre la seconda dice che
per qualsiasi pagina è necessario essere autenticati. Il
meccanismo di controllo accessi funziona con le regole in
questo ordine: fossero invertite, non si arriverebbe mai
a interpretare la seconda riga. Una volta individuata la
sezione di sito in cui ci si trova, vi si associa un ruolo,
e solo gli utenti appartenenti a quel ruolo possono en-
trare: nell'esempio l'utente non autenticato è indicato
come `IS_AUTHENTICATED_ANONYMOUSLY`, mentre l'utente
autenticato è individuato come `ROLE_USER`, definito nella
sezione `providers`

firewalls questa sezione implementa la parte di interfaccia vera e propria: nell'esempio utilizza le configurazioni mini-
me per avere un form di login usando per quanto possibile
le opzioni di default. Con `form_login_ldap` indichiamo
che vogliamo usare un form HTML, e in `login_path` e
`check_path` indichiamo il nome del template. Nel nostro caso dovremmo predisporre un template chiamato
`login.html.twig`, i cui vincoli sono che lo username sia
identificato da `_username` e la password da `_password`:

```
<form action="{{ path('login') }}" method="post">
  <label for="username"><h2>Username:</h2></label>
```

```
<input type="text" id="username" name="_username"
  value="{{ last_username }}" />
<label for="password"><h2>Password:</h2></label>
<input type="password" id="password"
                     name="_password" />
<button type="submit">LOGIN</button>
</form>
```

infine l'opzione `logout` abilita semplicemente un URL del tipo `/logout` per eseguire il logout dall'applicazione. All'interno dei template si può accedere al logout tramite:

```
<a href=''{{ logout_path('main') }}''>Logout</a>
```

dove `main` è il nome della sezione di `firewalls` in cui si trova l'opzione `logout:   true`

6.6   Definire un file di log

Symfony offre un file di log dei messaggi standard che si può trovare in `app/logs/prod.log`. Nel caso volessimo avere un file personalizzato che contenga solo i messaggi decisi da noi si tratta semplicemente di definire un nuovo servizio nella sezione `services:`

```
services:
  miolog:
    class: Monolog\Logger
    arguments: [miolog]
    calls:
        - [pushHandler, [@my_log_handler]]
```

```
my_log_handler:
  class: Monolog\Handler\StreamHandler
  arguments: [%kernel.root_dir%/logs/miolog.log, 100]
```

e all'interno dei Controller utilizzare il seguente codice per scrivere i messaggi di log:

```
$this->get('miolog')
  ->info('un messaggio da scrivere nel file di log');
```

6.7   Scrivere un file XML

Può presentarsi la necessità di dover esportare alcuni dati in formato XML: per questo è presente una classe `SimpleXMLElement` che consente di creare un file XML, generare una struttura arbitraria e trasformate il tutto in una stringa da scrivere nel filesystem.

```
$rootNode = new \SimpleXMLElement(
    "<?xml version='1.0' encoding='UTF-8'
    standalone='yes'?><esempio></esempio>");
$itemElementi = $rootNode->addChild('elementi');
$itemElemento = $itemElementi->addChild("elemento");
$itemElemento->addChild("etichetta", "contenuto");
$itemElemento->addChild("valore", "Luca")
            ->addAttribute("type", "string");
$xmlStr = $rootNode->asXML();
file_put_contents('file.xml', $xmlStr);
```

In questo esempio, il file in cui si scrivono i dati di trova nella directoryweb, e apparirà come segue:

```
<?xml version='1.0' encoding='UTF-8' standalone='yes'?>
<esempio>
  <elementi>
    <elemento>
      <etichetta>          dato </etichetta>
      <nome type="string"> Luca </nome>
    </elemento>
  </elementi>
</esempio>"
```

6.8 Aggiornamento struttura Database

Nello sviluppo di una applicazione si può rendere necessario aggiornare la struttura del database per implementare richieste emerse successivamente allo sviluppo dell'applicativo.

Symfony offre un metodo molto semplice per fare questa operazione tramite il pacchetto aggiuntivo (bundle) **DoctrineMigrationsBundle**: non fa parte dell'installazione standard, ma lo si può facilmente includere eseguendo le seguenti operazioni:

installazione del pacchetto usando da linea di comando l'utilità `composer`:

```
composer require doctrine/doctrine-migrations-bundle "^1.0"
```

registrazione del pacchetto nel framework Symfony, aggiungendo nel file `app/AppKernel.php` la riga seguente

```
public function registerBundles() {
  $bundles = array(
```

```
new
Doctrine\Bundle\MigrationsBundle\DoctrineMigrationsBundle()
);
}
```

configurazione del pacchetto   nel file app/config/config.yml

```
doctrine_migrations:
    dir_name: "%kernel.root_dir%/DoctrineMigrations"
    namespace: Application\Migrations
    table_name: migration_versions
    name: Application Migrations
```

A questo punto il pacchetto Migrations è installato ed usabile: riportiamo il caso d'utilizzo più semplice, ovvero una modifica alla struttura del database seguita dalla sua applicazione all'ambiente di produzione; per prima cosa si eseguono le modifiche alla struttura del database come al solito, ad esempio si può creare una nuova Entity tramite il comando

```
$ bin/console doctrine:generate:entity
```

oppure se ne modifica una preesistente (modifica manuale del file Entity.php) come indicato a pagina 157. A questo punto tramite il comando:

```
$ bin/console doctrine:migrations:diff
```

vengono generate le istruzioni da impartire al database per modificare la struttura in modo che diventi uguale a quanto dichiarato nelle Entity. Infine il comando

```
$ bin/console doctrine:migrations:migrate
```

applica tali modifiche al database. Le istruzioni vengono generate sia per aggiornare il database che per tornare alla versione precedente di database. Questo meccanismo è pensato per essere applicato al database di un'applicazione in produzione, quindi senza perdita di dati, comunque è sempre consigliabile effettuare una copia del database nel caso vi siano problemi!

Il pacchetto Migrations offre alcuni altri comandi, ma questi due sono i fondamentali per gestire nella maniera più automatica possibile questo tipo di aggiornamenti. L'altro comando utile è

```
$ bin/console doctrine:migrations:status

== Configuration

    >> Name:                  Application Migrations
    >> Database Driver:       pdo_sqlite
    >> Database Name:         ... app/sqlite.db
    >> Configuration Source:  manually configured
    >> Version Table Name:    migration_versions
    >> Version Column Name:   version
    >> Migrations Namespace:  Application\Migrations
    >> Migrations Directory:  ... app/DoctrineMigrations
    >> Previous Version:      2017-02-28 10:43:11
                              (20170228104311)
    >> Current Version:       2017-02-28 12:59:05
                              (20170228125905)
    >> Next Version:          Already at latest version
    >> Latest Version:        2017-02-28 12:59:05
                              (20170228125905)
    >> Executed Migrations:   2
```

```
>> Executed Unavailable ... 0
>> Available Migrations:   2
>> New Migrations:         0
```

dove le informazioni interessanti si trovano nelle ultime righe: se risulta `Next Version:   Already at latest version` significa che il database è aggiornato, in caso contrario sarà presente un output del genere:

```
>> Executed Migrations:             1
>> Executed Unavailable Migrations: 0
>> Available Migrations:            2
>> New Migrations:                  1
```

in particolare la riga `New Migrations` indica che il database non è aggiornato e c'è ancora una migrazione da fare. Nell'uso di questo strumento è consigliabile generare una migrazione (comando `doctrine:migrations:diff`) per ogni modifica del database, in modo da separarle logicamente; il comando `doctrine:migrations:  migrate` applica tutte le migrazioni in sequenza, nell'ordine in cui sono state definite, al fine di avere un database aggiornato.

Nell'uso più avanzato è possibile indicare esplicitamente quali migrazioni applicate, ed eventualmente saltarne alcune.

Capitolo 7

Note finali

7.1 Uso di git

Git è un software di "controllo delle versioni", ovvero un insieme di utilità che consente agli sviluppatori di archiviare in maniera ordinata le varie versioni dei propri sorgenti, collaborando in più persone allo stesso progetto [8]. Anche se il software è nato per consentire di lavorare in maniera collaborativa, esso è molto utile anche se lo sviluppatore è uno solo.

Inoltre sono disponibili in rete dei server che contentono all'utente di registrarsi e archiviare presso di loro i propri sorgenti: un esempio è **GitHub** [9], servizio gratuito per progetti pubblici.

Dal punto di vista del server github, è sufficiente registrarsi, iniziare un nuovo progetto, compilare le informazioni richieste, ed infine si procede ad usarlo; vediamo velocemente alcuni comandi base:

7.1.1   Inizializzazione del Repository

Si esegue solo la prima volta, dopo che é stato registrato il progetto su github, con un nome a nostra scelta; supponiamo di esserci registrati con lo username `miousername` e con il nome del progetto `mioprogetto`. Ci si posiziona nella directory `mioprogetto` e si danno i seguenti comandi:

```
$ cd mioprogetto
$ git init
$ git add .
$ git commit -m "prima archiviazione"
$ git remote add origin \
    https://github.com/miousername/mioprogetto.git
$ git push -u origin master
```

Questo archivia su git tutto il contenuto della directory `mioprogetto`.

7.1.2   Modifica ed archiviazione

Una volta che il progetto è partito, l'uso tipico è quello di modificare dei file fino ad avere una nuova versione: i comandi utili in questo caso possono essere:

Verifica quali sono i file modificati `git status`

Verifica quali sono le modifiche `git diff README.md`

Archivia le modifiche `git commit -am "messaggio"` ; `git push`

Nel caso si aggiunga un nuovo file è sufficiente dare il comando `git add nomefile` e questo verrà archiviato al prossimo commit.

Questo è un uso molto semplificato di `git`, ma consente di avere una copia del proprio software su un server remoto, di tracciare l'evoluzione e le modifiche dello stesso, di tornare ad una vecchia versione nel caso si riscontri qualche problema, e nel caso il nostro progetto risulti interessante anche per altri, la collaboraizone può partire subito!

7.2 Installazione in produzione

Vediamo brevemente alcuni esempi di installazione dell'applicazione su una piattaforma in produzione.

7.2.1 Heroku

Heroku, `http://www.heroku.com` è una piattaforma che offre vari piani di hosting per applicazioni web, ed offre delle facilitazioni che si rivelano molto utili per lo sviluppatore; include la possibilità di avere un ambiente di test gratuito.

Rissumiamo brevemente i passi necessari per installare una applicazione su Heroku, rimandando comunque alla documentazione ufficiale per maggiori dettagli.

L'idea di base è che il codice dell'applicazione da mettere in produzione è archiviato su `git`, e l'operazione di installazione e messa in produzione di una nuova versione è essenzialmente una operazione `git push`. I passi da seguire sono:

- creare un account, installare le utilità di `heroku` e creare un nuovo progetto:

  - `heroku login`
  - `heroku create`

- creare un database dal pannello di controllo di Heroku

- creare il repository git:

  - `git init`
  - `git add .`
  - `git commit -m ''versione iniziale''`
  - `git push heroku master`

- configurare l'applicazione Symfony

  - impostare l'ambiente di produzione
    `heroku config:set SYMFONY_ENV=prod`
  - nel file `app/config/config_prod.yml`, impostare i log su stderr, nella sezione `monolog/handlers/nested` dove si cambia il valore di path in `''php://stderr''` (valeva `''%kernel.logs_dir%/%kernel.environment%.log''`
  - configurare il database usandi il valore URL che i è stato dato in fase di creazione del database sul pannello di controllo di Heroku (o accedere a tale pannello per vedere il valore in questione). Per un database Postgres tale valore sarà:
    `URL:postgres://user:password@host:5432/database`

Una volta configurato, Heroku consente di dare comandi di gestione come se si trattasse di una installazione locale:

```
$ heroku run php bin/console \
                doctrine:schema:drop --force
$ heroku run php bin/console \
                doctrine:schema:create
```

7.2.2 Installazione su Linux

Nel caso si abbia a disposizione un PC Linux, l'applicazione Symfony può essere installata usando un server Apache: si fornisce una lista dei comandi e delle configurazioni base che fa riferimento ad Apache, Php e Postgres su una distribuzione Debian (per la precisione si è usato RaspbianOS su una scheda RaspberryPi). I passi da seguire sono:

- installare e configurare Apache, Postgres e Php (il comando può essere diverso a seconda della distribuzione, ad esempio nelle distribuzioni RedHat/CentOS/Fedora abbiamo `yum install`, e può cambiare il nome del pacchetto, per Apache ad esempio il comando è `yum install httpd`.

```
# apt-get install apache2
# apt-get install postgresql
# apt-get install php5 php5-pgsql
# a2enmod rewrite
```

```
# service apache2 restart
# service postgresql restart
# curl -LsS https://symfony.com/installer \
                  -o /usr/local/bin/symfony
# chmod a+x /usr/local/bin/symfony
```

- creare il database

```
# su - postgres
$ psql
postgres=# CREATE USER user WITH PASSWORD 'password';
postgres=# CREATE DATABASE database OWNER user;
```

il file /etc/postgresql/9.4/main/pg_hba.conf contiene la configurazione generale per Postgres, mentre la configurazione del database per lo specifico progetto Symfony si trova nel file config_prod.yml.

Nel caso si opti per l'utilizzo di SQLite, è sufficiente configurarlo nel file config_prod.yml o config_dev.yml; in questo caso il database viene archiviato in un file: questa opzione è particolarmente utile per l'ambiente di sviluppo in quanto non richiede database esterni.

- configura Apache (/etc/apache2/apache2.conf)

```
<VirtualHost *:80>
  ServerName gea.noip.me
  ServerAlias www.gea.noip.me

  DocumentRoot /var/www/html
```

```
Alias /questime ''/var/www/html/questime/web''
<Directory /var/www/html/questime/web>
    AllowOverride All
    Order Allow,Deny
    Allow from All

    <IfModule mod_rewrite.c>
        Options -MultiViews
        RewriteEngine On
        RewriteCond %{REQUEST_FILENAME} !-f
        RewriteRule ^(.*)$ app.php [QSA,L]
    </IfModule>
</Directory>

ErrorLog /var/log/apache2/questime_error.log
CustomLog /var/log/apache2/questime_access.log
</VirtualHost>
```

7.3 Directory di sviluppo e di produzione

Nel caso la nostra applicazione venga utilizzata da altri utenti, può essere ultile avere la propria directory dove vengono fatti gli sviluppi ed i test, e solo dopo che i test sono risultati positivi, procedere alla messa in produzione delle modifiche.

Allo scopo può essere utile predisporre uno script simile al seguente:

```
$ cd appSviluppo
$ cat mettiInProduzione.sh
#!/bin/bash
```

```
bin/console cache:clear --env=prod --no-debug
rm -rf app/cache/*
rsync -av --delete --exclude app/logs \
    --exclude app/sqlite.db  * ../appProduzione
(cd ../appProduzione ; bin/console cache:clear \
    --env=prod --no-debug)
```

Lo script provvede a pulire le cache dell'applicativo e a copiare tutti i file, escludendo il database (nel caso si usi SQLite) e la directory dei log. In questo modo tutti i dati dell'applicativo sono preservati, inclusi i log che possono avere informazioni utili da preservare.

7.4   Riassunto comandi console

Riassumento i comandi disponibili da linea di comando `bin/console`:

Creare il database:

```
$ bin/console doctrine:schema:create
```

Eliminare il database:

```
$ bin/console doctrine:schema:drop --force
```

Eliminare database e tabelle:

```
$ bin/console doctrine:schema:drop --full-database --force
```

Aggiornare le tabelle in base alle Entity

```
$ php bin/console doctrine:schema:update --force
```

Crea l'entity

```
$ bin/console doctrine:generate:entity
```

Aggiorna l'entity con getters e setters

- modificare il file Php della entity nella directory `Entity`

- editare aggiungendo/togliendo i campi di interesse

- ```
  $ bin/console doctrine:generate:entities \
      AppBundle:Person
  ```

  Attenzione: se vengono aggiunti dei campi, il comando crea correttamente i nuovi setter/getter, ma se vengono tolti dei campi il comando non toglie i corrispondenti setter/getter: il codice deve essere tolto a mano. In caso contrario le funzioni che rimangono non creano problemi, ma restano inutilizzate.

- una volta aggiornate le Entity, bisogna aggiornare anche il database:

  ```
  $ bin/console doctrine:schema:drop --full-database \
      --force
  $ bin/console doctrine:schema:update --force
  ```
  ```

Bibliografia

[1] *http://symfony.com/doc/current/index.html*

[2] *https://php.net/*

[3] *http://www.apache.org/*

[4] *https://sqlite.org/*

[5] *https://nginx.org/*

[6] *http://symfony.com/doc/current/quick_tour/the_big_picture.html*

[7] *http://symfony.com/doc/current/book/security.html*

[8] *https://it.wikipedia.org/wiki/Git_(software)*

[9] *https://github.com/*

[10] *http://symfony.com/doc/current/templating/twig_extension.html*

[11] Abou-Zahra, Shadi and Education and Outreach Working Group (EOWG), *"Complete List of Web Accessibility Evaluation Tools."*, *W3C2013, http://www.w3.org/WAI/ER/tools/complete*

[12] Bert   Bos,   "CSS   Specifications.",   W3C2013,
http://www.w3.org/Style/CSS/current-work

[13] Shawn, *"Descriptions of Essential Components of Web
Accessibility Illustrations." Web Accessibility Initiative2013,
http://www.w3.org/WAI/intro/components-desc.html*

[14] Chris Pederick "Web Developer, Addon Firefox.", 2018,
https://addons.mozilla.org/it/firefox/addon/web-developer/

[15] W3C, *"World Wide Web Consortium (W3C)." 2013,
http://www.w3.org/*

[16] WAI, "Authoring Tool Accessibility Guidelines
(ATAG) Overview.", 2013, Web Accessibility Initiative,
http://www.w3.org/WAI/intro/atag.php

[17] WAI, *"Web Content Accessibility Guidelines (WCAG)
Overview.", Web Accessibility Initiative, 2013,
http://www.w3.org/WAI/intro/wcag.php*